顾客心理学

好的销售都会抓心理

宋汉卿◎著

中国商业出版社

图书在版编目（CIP）数据

顾客心理学：好的销售都会抓心理/宋汉卿著. --北京：中国商业出版社，2020.8
　　ISBN 978-7-5208-1029-6

　　Ⅰ.①顾… Ⅱ.①宋… Ⅲ.①商业心理学 Ⅳ.①F713.55

中国版本图书馆CIP数据核字(2020)第010593号

责任编辑：张新壮　张盈

中国商业出版社出版发行
010-63180647　www.c-cbook.com
（100053　北京广安门内报国寺1号）
新华书店经销
北京富泰印刷有限责任公司印刷

*

710毫米×1000毫米　16开　15.25印张　218千字
2020年8月第1版　2020年8月第1次印刷
定价:58.00元

****

（如有印装质量问题可更换）

前 言

好的销售都是心理学大师

顾客的购买行为千态万状,时刻变化。作为销售人员,要有清晰的销售思路,才能以不变应万变。任何销售技巧无非只是技能和招数,真正的销售内功是要看穿顾客的购买行为。

你知道顾客的话外音吗?

当顾客说要买沙发时,他购买的不是沙发,而是舒适;

当顾客说要买汽车时,他购买的不是汽车,而是身价或便捷;

当顾客说要买化妆品时,他购买的不是化妆品,而是美;

……

这就是所谓的"话中有话"。学会洞察顾客购买行为背后表达的信号,可以让销售人员明确地知道顾客需要的究竟是什么,以及他们为什么需要,应该怎样满足他们的需要。

销售人员必须回答的问题!

要想读懂顾客的购买行为,首先就要站在顾客的角度,搞清顾客心中的疑问,这也是销售人员必须回答的问题。

- 你是谁?
- 你要向顾客介绍什么?
- 你介绍的商品和服务对顾客有什么好处?
- 为什么顾客要从你这里购买?
- 为什么顾客现在就买?

进入顾客内心世界,根据顾客所想展开销售回应,顾客自然无法抗拒,心甘情愿地掏钱购买也是水到渠成之事。

顾客的四大购买行为,你知道多少?

第一,复杂购买行为。当顾客需要承受较大风险,涉及财务、健康等方面,会倾向于复杂购买决策。例如,顾客在购买房子、汽车时,往往愿意投入大量精力和时间去仔细对比各家商品,这时销售人员能否看出顾客内心的需求和动机呢?

第二,品牌忠诚购买行为。为什么很多顾客会频繁购买同一个品牌?因为这个品牌给顾客带来了良好的体验及满足,这就是顾客表现出来的品牌忠诚购买行为。忠诚购买行为是品牌商理想化的营销结果,如果能将顾客变为品牌忠实顾客,就意味着财源滚滚、持续赢利。

第三,有限理性购买行为。所谓有限理性购买行为,是指顾客承担的风险较小,产品价值很低时,所产生的购买行为。例如,你走在路上口渴时,需要买一瓶水,这时就没必要货比三家,逐一分析,而是遇到什么水就买什么,这就是有限理性购买行为。

第四,惯性购买行为。顾客会反复购买一些没有风险的产品,这种表现就是惯性购买。例如,离家最近的便利店只有一款牛奶品牌,顾客没有必要到其他店铺选购其他品牌的牛奶,就会始终如一地购买这款牛奶,这就是惯性购买行为。

为什么同样一款商品,定价9.99元比10元卖得火爆?

我们经常会看到这样定价的商品:一盒牛奶5.99元,一双袜子9.99元,一包薯片4.99元,等等。为什么顾客会选择定价9.99元的商品,而不选择10元的呢?其实这是尾数定价的原因。商家利用顾客对价格产生的这种错觉心理,会常常采用诱惑性定价策略,这对那些追求物美价廉的顾客来说,刺激了他们的购买行为。

说了这么多,无非是想告诉读者,好的销售都是心理学大师。如果把握不住顾客的购买行为,就做不好销售。商家也一样,搞不懂这一点,商品永远都在顾客的购物车之外。

目录

第 1 章 所有的购买行为都会提前发出信号

你相信顾客在购买商品前会发出一些信号吗？例如，顾客脸部放松，情绪逐渐变得明媚起来，表示他较为认同你的想法；当顾客的表情由冷漠、怀疑到自然大方，并且眉毛上扬时，这说明他很可能会确定购买行为，甚至下一秒就要向你付款了。因此，及时捕捉顾客的这些行为信号，你才能快速地获得成交。

顾客究竟要买什么	3
购买过程中顾客有哪些常见的行为类型	8
顾客面对商品流露的面部表情	12
顾客语言中透露出的心理需求	16
顾客的肢体语言说明了对商品的反应程度	20
每一次购买，顾客都会经历一场心理旅程	23

第 2 章 顾客绝对没兴趣的那些行为信号

你知道顾客在什么时候绝对没有购买兴趣吗？识别出这些信号，销售人员就可以极大地提升销售效率。当顾客步履匆匆，眼神飘忽不定时，他一定没有购买兴趣；当顾客根本不把焦点放在商品上，答非所问时，你千万不要再纠缠他……此外，我们还要学会怎样判断顾客的购买需求，是什么决定了顾客的购买兴趣，这些都是本章要解决的问题。

步履匆匆，眼神飘忽，绝无买意	29
焦点不在商品上，一定没有兴趣	32
不听你说话，可以不理他	37
从询价上判断顾客的购买欲求很简单	40
为什么顾客会失望	43
商品与顾客的匹配指数决定了他的购买兴趣	46

第 3 章　快速捕捉顾客发出的好奇信号

当你遇到对商品产生好奇的顾客时，恭喜你，你的销售已经成功了一半。销售人员必须要搞清楚顾客发出好奇的行为信号是什么。例如，当顾客面对商品不停地追问"为什么"时，他绝对产生了好奇心理。抓住这些行为信号，就能有的放矢，销售也会达到事半功倍的效果。

商不厌奇，抓住顾客好奇的本能心理	51
不停地问"为什么"，说明已经引起顾客的注意	54
他在那台音响前来来回回了好几次	57
当顾客发出一定的空间信号时	61
静静地观察顾客是否会对商品拍照	66
从众心理下的好奇特质是什么样的	70

第 4 章 识破顾客质疑的信号

当顾客说出"商品真的有那么好吗?",他基本上产生了质疑心理。可以说,顾客在购买过程中有质疑是正常的。如何破解这种质疑心理,就是本章要解决的问题。全面分析顾客的心理历程,搞清原因,才能有针对性地拿出解决方案,让顾客最终信任销售。

当顾客说"再想想"时,他究竟在想什么	77
当顾客说"商品真的有那么好吗?"	81
对顾客的怀疑心理进行分解	84
找到顾客质疑的焦点就好办了	88
你解释得越多,顾客的质疑也越多	92
身处"担心区"的顾客在担忧些什么	95

第 5 章 搜索顾客购买欲望的信号

精准抓住顾客购买欲望产生的行为信号,销售就成功了一半。例如,顾客在某件商品面前停留的时间明显长于其他商品,说明他已产生购买欲望;当顾客与你讨论性价比时,他不仅有强烈的购买欲望,甚至会产生担心失去商品的心理。

停留的时间越长,说明顾客购买的心理越强	101
名牌效应是顾客心中最有分量的购买信号	105
担心失去而购买的心理斗争	110
由喜欢到占为己有的心理变化	114
顾客在计算性价比吗	118
分享心理蠢蠢欲动,购买欲望就来了	121

第 6 章　没错，这些就是顾客百分百决定购买的信号

什么是顾客百分百决定购买的信号？例如，顾客对商品爱不释手，看到目标商品后眼睛发亮，露出兴奋的表情等，这些都说明顾客急切想要购买此款商品。销售员必须了解顾客早有预谋的购买行为是怎样的，再从互惠、报价、定价、时间性压力等方面，想方设法与顾客快速成交。

一场早有预谋的购买行为是什么样的	127
你相信顾客会对产品"一见钟情"吗	130
互惠的魔咒：让顾客对免费无法抗拒	133
报价博弈中，顾客觉得"赢了"的时候	136
用尾数定价唤回顾客的购买欲	139
时间性压力：顾客挑选时间已达上限	144

第 7 章　抓住可以成为长期顾客的行为信号

顾客产生购买行为后，销售人员还应继续开发和研究顾客，并最终发展成为长期顾客，这里也有信号可循。例如，顾客主动询问你的电话号码，或者主动浏览店铺官网……说明他想得到更多的优惠和便利，并对已购买的商品或者品牌产生了信任和依赖感，逐渐有了忠诚度。

用 FORM 模型，对顾客需求进行长远定位	149
会员心理诊断，帮助顾客成为想要的超级 VIP	153
顾客主动询问你电话号码的心理轨迹	156
一个回头客的大脑"双进程"	160
是什么心理，让他浏览店铺官网	163

第 8 章　发展为高消费大客户的行为信号

不是每个顾客都能成为大客户,需要学会洞察能发展为高消费大客户的行为信号。这就需要销售人员了解顾客从需求到欲求的心理历程,从单品采购到项目采购的行为变化等相关购买信息,从中寻找潜在的大客户。

顾客由需求变为欲求的心理历程	169
不只是品牌热衷度,还有追求潮流的心理	172
对比后,还依然选择华美外表的商品	175
从单品采购到项目采购的行为路径	180
看穿顾客追求名牌的心理,从贵重物品下手	184
隐秘购买的顾客一定不在乎钱	187

附录　专业解析顾客的购买行为　　191

附录 1　顾客表情里暗藏的购买信息	193
附录 2　顾客肢体语言里透露出的购买意向	198
附录 3　顾客的语言并非表面意思	206
附录 4　通过顾客着装看穿他的心理活动	213
附录 5　了解了顾客的性格就等于了解了顾客的购买意愿	217
附录 6　一眼看穿顾客"闲逛"和"购买"的心理	222
附录 7　顾客的态度说明了其购买需求	225
附录 8　顾客的付款方式说明了顾客的购买个性	230
附录 9　询问顾客电话号码的十大时机	232

第1章
所有的购买行为都会提前发出信号

你相信顾客在购买商品前会发出一些信号吗?例如,顾客脸部放松,情绪逐渐变得明媚起来,表示他较为认同你的想法;当顾客的表情由冷漠、怀疑到自然大方,并且眉毛上扬时,这说明他很可能会确定购买行为,甚至下一秒就要向你付款了。因此,及时捕捉顾客的这些行为信号,你才能快速地获得成交。

顾客究竟要买什么

130年前,人们购买的是什么呢?顾客买的是产能,因此福特发明了流水线,提高了生产效率。50年前,人们购买的是什么呢?是广告。因此,宝洁快速铺货,碾压市场,成为销售市场中的霸主。今天,顾客买的是什么呢?是体验,是新鲜,是设计。在这方面展开销售,需要占领顾客的心智。

这也就不难解释,为什么新的iphone上市后,"果粉"可以通宵在专卖店门前排队等候购买。这已经不是一种消费行为了,而是一种情感行为。

当我们在研究顾客购买行为时,需要知道顾客到底买的是什么。这是一种心理探索过程。

1. 渴望获得"酬赏"的迫切需要

从心理学和生理学的角度来看,顾客的购买行为往往产生于大脑。具体我们先来看一个实验:

20世纪40年代,心理学家詹姆斯·奥尔兹和彼得·米尔纳发现在动物大脑中有一个与欲望相关的特殊区域,对比。他们对小白鼠进行了一项研究。首先，在小白鼠的脑部植入了电极；其次，每当小白鼠压动电极控制杆时，脑部的"伏隔核"的区域就会受到小小的刺激。很快，小白鼠就习惯并且依赖这种感觉。

通过实验发现，小白鼠宁肯冒着被电击痛的可能跳上通电网格，目的就是触压操纵杆，让自己脑部受到电击，享受那种刺激的感觉。

很多年以后，科学家对人类也做了同样的实验，发现结果异常类似。被实验者心无旁骛，只求能够按动对脑部发出电击的按钮——就算是被切断电源，还是会多次尝试。

通过这些实验，科学家发现大脑中存在一个愉悦点。很多事物都会对这一神经区域产生刺激，如美食、赌博、游戏等。

斯坦福大学的教授布莱恩·克努森利用功能性磁共振成像设备，测试了赌博者大脑中的血液流量。他发现，赌博者在赌博时，获得酬赏，也就是赢了钱，伏隔核并没有受到刺激，但是在期待酬赏的过程中，这个区域的波动就非常明显。

推而论之，驱使我们采取行动的往往不是酬赏本身，而是渴望获得酬赏的迫切需求。大脑会因为渴望得到这种需求而紧张，从而促使我们采取行动，甚至重复某些动作。

实际上，对于顾客的购物行为，这个观点也成立。譬如，顾客购买一款智能手机，购买前每天都会在网上查看该手机的售卖信息。决定下单购买后，也几乎每隔几分钟就查看物流状态。这种渴望的过程是真正促使顾客购买的动机。

因此，销售者也好，商家也罢，我们要首先从这种心理和生理上的规律来发掘顾客的购买心理。了解了这个渴望获得"酬赏"的迫切需求后，才能真正有方向可循地进行销售。

2. 充分了解购买动机

想了解顾客的购买行为，就要搞清楚顾客的购买动机。

购买动机的概念，见图 1-1。

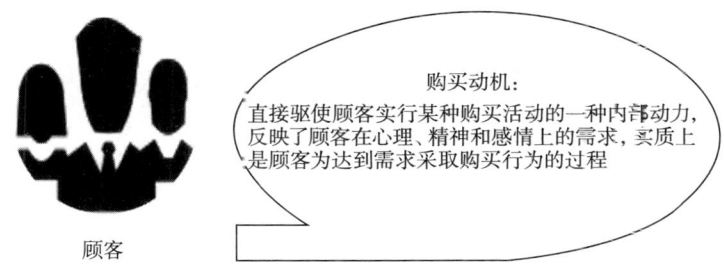

图 1-1 顾客购买动机概念

顾客动机理论要研究的中心问题是顾客行为中的"为什么"。例如，顾客为什么需求某种商品？为什么他会从那么多种商品中挑选了某个牌子或者某个型号？为什么顾客对商品广告有不同的看法？为什么顾客会经常购买同一件商品？

这需要我们知道顾客的购买动机是如何形成的，见图 1-2。

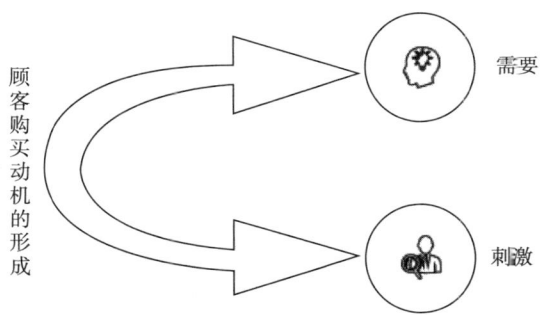

图 1-2 顾客购买动机的形成

需要：是顾客对某种商品的需求产生的一种心理上的冲动。例如，顾客购买一台电视机，如果没有心理上的需求，就不会有购买的欲望和动机。

刺激：是产生购买动机不可缺少的条件。刺激来源于内部或者外部。例如，顾客饿了，自然会购买食物。再如，顾客被邀请参加一个宴会，那么这个要求会刺激他（她）去购买一件礼服。

下面，我们来看一下顾客购买时因为动机产生的心理变化，通过这些变化可以看出顾客购买一件商品的原因所在。

（1）迫切性

这往往是因为顾客的高强度需求引起的。例如，一个顾客本来对汽车毫无兴趣，但是因为搬家到郊外，出行不便，就会产生迫切需要一辆汽车的购买行为。那么这时候，顾客购买的就是一种迫切需求的便捷。

（2）内隐性

顾客会出于某种原因而不愿意让其他人知道自己真实的购买动机。例如，某些顾客明明不缺手机，却偏偏要购买最新款的 iphone，实质上这是为了炫耀，满足虚荣心。这时候，顾客购买的就是一种虚荣心的存在。

（3）可变性

在顾客的很多购买需求中会有这样一些变化因素：

往往只有一种需求占据主导地位，也就是优势购买需求，此外，顾客还会有很多辅助需求。来看一下它们的具体变化，见图 1-3。

图 1-3　顾客购买动机的变化因素

（4）模糊性

能够引起顾客购买行为的动机有很多种，其中最普遍的是多种动机的组合。有些是顾客意识到的动机，有些则长期存在于顾客的潜意识中。这类顾客往往并不清楚自己购买的目的。这是由顾客动机的复杂性、多层次和多变性等造成的。

（5）矛盾性

当顾客产生了两种迫切的购买动机时，且这两种动机相互抵触、不可兼得时，内心就会出现矛盾。这时候，顾客往往会采取"两利相权取其重，两害相权取其轻"的策略。

了解了顾客的购买行为动机和内心的变化，才能更清楚顾客的需求和购买行为变化的原因。掌握了这些，就能很容易知道顾客购买的目的，销售也就轻而易举了。

购买过程中顾客有哪些常见的行为类型

顾客因为性格不同、需求不同、审美不同、生活观念不同，会产生不同的购买行为。

因此，销售人员要根据不同的顾客行为类型采取不同的销售策略。当然，不能杂乱无章地探索，而要找到其中的规律。下面看一下，根据顾客不同的购买行为，提炼出的相应的销售攻略。

1. 夫妻型顾客的购买行为

销售人员必须搞清楚夫妻型顾客的心理购买行为，从而做出相应的销售策略。

（1）夫妻型顾客的表现特征

夫妻两个人在做购买决定时，角色通常是不同的，其主要表现特征为：男士从心理上往往喜欢关注技术性、电子科技等理性方面的东西；女士则喜欢关注促销活动、商品外观、如何使用等感性方面的东西。假如两个人有分歧时，一般最后决定权在强势的一方。

（2）销售攻略

①首先要学会判断谁更具有决定权。

②对男士介绍时，更多偏重于理性方面的东西，更多使用专业和技术

语言。

③对女士介绍时,更多偏重于感性方面的东西,多使用感性词汇,多介绍商品外观、促销活动,翻看销售记录并描述老用户使用情况。

④把握男女顾客的不同心理,并巧妙地处理夫妻二人在购买过程中产生的分歧。

2. 参谋型顾客的购买行为

在购买商品时,很多顾客会结伴而行。这是由顾客的不自信和不安心理导致的。很多顾客往往自己拿不定主意,需要同伴当参谋,表现形式一般为朋友结伴、同事结伴、姐妹同行,等等。

(1)参谋型顾客的表现特征

虽然顾客带了参谋,但是在购物时,往往容易出现两人意见不合的情况。这时候,他们会表现出互相商量的行为。

(2)销售攻略

①好的销售人员会设法与顾客的参谋拉近关系,找到共同话题,让其站到自己一边,然后找机会一起说服顾客。

②如果顾客跟参谋意见不统一,销售人员介绍完商品后,可以准备一些资料让他们分别带回去看。高明的导购员还会巧妙地获取顾客跟参谋的联系电话,之后分别电话拜访,采取逐个击破的方法。

③若遇到高手参谋,且掌握着顾客的购买权,在价格问题上分厘不让,那么可以借"请示经理"得到增援。

3. 杀价型顾客购买行为

有很多顾客精于杀价,他们对于自己的杀价能力深信不疑、乐此不疲。面对这类顾客时,销售人员要特别注意。

(1)杀价型顾客的表现特征

这种顾客一般会早早选好款式,然后坚持杀价。

（2）销售攻略

①赞扬顾客眼力，突出商品质量，满足顾客的虚荣心理。

②要真诚地欢迎这类顾客，因为他们正是有心购买才会杀价，杀价是购买的前奏。

③给予杀价者满足心理。真正想购买的顾客，其实并不介意多花钱，他们只是想证明自己的杀价能力，得到心理上的满足。销售人员要配合顾客这种心理，使出"诚意"撒手锏，许诺顾客少付的部分由自己垫付。那么几乎没有顾客不会被这种诚意打动，转而跟销售人员协商出一个合理的价格。

4．吐槽型顾客购买行为

很多顾客在购物时喜欢吐槽。这类顾客凡事喜欢自作主张，寻求击败别人的满足感。

（1）吐槽型顾客的表现特征

这类顾客的吐槽内容可分为两类，见图1-4。

图1-4 吐槽型顾客购买行为的吐槽内容

（2）销售攻略

①对待这类顾客，销售人员要做到不退缩，要先任对方反驳、讽刺。在这个过程中，销售人员要信心十足，顾客自然会理亏。

②严格限制交谈时间。顾客买不买商品并不会随着时间的推移而改变，其购买欲在交谈开始几分钟内就已经确定。因此，销售人员要把握好

交谈时间，既要让他畅所欲言，又要严格限制谈话时间，以掌握交流中的主动权。

③适当倾听，适时恭维。销售人员还可以适当地赞美或者恭维对方，迎合他的虚荣心。这样会拉近你和顾客的关系，有利于销售。

总之，与这类顾客打交道，一定要时时抓住交流的主动权，充分引导其随着你的方向走。同时，还要积极配合健谈型顾客的愉快心情，把话题尽早转入正题，以讲有趣的故事方式吸引对方。

顾客面对商品流露的面部表情

人的面部表情不是容易捉摸的，人的眼神更是难以猜测，但是高明的销售人员可以从顾客的面部表情读出购买信号。我们可以换位思考一下，我们在作为顾客时，也总是会喜欢用面部表情表达自己对商品的兴趣或者不满。这些面部表情的变化，需要销售人员自始至终专注，就好比随身携带雷达一样，不断地扫描购买信号的出现。

1. 顾客的笑容可以解答他内心的购买秘密

（1）含笑

含笑是一种程度最浅的笑，不出声，不露齿，意在表示友善、接受对方。

在购买行为中，一般的顾客为了表示礼貌，都会含笑对待销售人员，即使不喜欢销售人员的商品。这种顾客一般不会购买，他只是礼貌性地回应。

（2）微笑

微笑是一种比含笑的程度稍微深层次的笑。它的特点是面部有了明显变化：

通常是唇部向上移动，略呈弧形，但牙齿不会外露。这是一种典型的自得其乐、充实满足、知心会意、表示友好的笑，在人际交往中，适用范围最广。

顾客一旦对销售人员做出微笑的表情，说明其心理防线解除，特别是十分严肃的顾客开始对你报以微笑，那么说明他开始认可你，想和你进一步交流。这种情形下，生意有很大的成交可能性。

（3）大笑

顾客大笑，说明他很尽兴，很满足，内心充满极大的愉悦。这时销售人员热情提出成交要求，会有很大的成交概率。

（4）苦笑

苦笑一般出现在感到比较为难又无法解决的时候。在购买过程中，如果销售人员给了顾客很大压力或者提出苛刻条件，顾客通常会无奈地苦笑。

所以销售人员要避免给顾客施压，否则很可能错失一个交易机会。销售人员应该真诚地为顾客提供解决方案，这样会得到顾客的感激和信任。有了信任力，生意才有希望成交。

2. 一个眼神出卖顾客的购买行为

眼神可以传递出顾客内心深处的很多信息。善于观察顾客的眼睛，发现顾客的内心，对销售工作的顺利开展是有很大帮助的。重视顾客的感觉和反应，从中获得关于顾客内心情感的准确信息，从而把握顾客的心理，这样才能够获得顾客的信任和好感，使得销售工作顺利进行。

（1）眼神左顾右盼

顾客在与销售人员交流时，如果出现眼神左顾右盼的变化，那么可以分别分析其代表的不同含义，见图1-5。

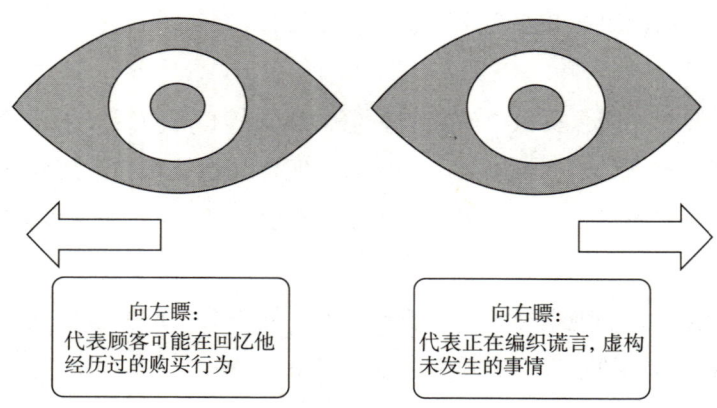

图1-5 顾客眼神左顾右盼的表情信号

（2）眨眼

①微笑眨眼的表情是一种真情的流露，代表顾客认同销售人员的观点。这时候，通常离成交已经很近了。

②面无表情的眨眼很可能是顾客在编织谎言。

③快速眨眼，表示顾客可能隐瞒了什么，不想继续当前的话题，销售人员就应该切换话题。

（3）紧盯对方眼睛

从心理学上来讲，人在撒谎时并不会转移视线，而会有更多的眼神交流。因此，确认听者是否相信你所说的话，可以观看对方眼神。当顾客说完一句话后一直盯着销售人员的眼睛等候反应，极有可能说明顾客在说谎。

3. 那些可以成交时顾客的面部表情信号

销售人员要学会辨识顾客成交时的面部表情。下面是一些顾客可以成交时的面部表情：

（1）腮部放松，情绪逐渐变得明媚起来；

（2）表情由冷漠、怀疑到自然、大方、随和；

（3）眉毛上扬；

（4）紧抿嘴唇，好像在回味什么；

（5）态度变得更加友好；

（6）由假笑到自然微笑。

以上面部表情都表明了顾客有强烈且明显的购买欲望，同时，也说明促成交易的最佳时机到了。这时候销售人员可以提出相应的要求和条件。

顾客语言中透露出的心理需求

善于体味顾客的语言,捕捉其购买需求,这是一个高明的销售人员必须掌握的重点。销售人员可以从同顾客的交谈或顾客之间的谈话、顾客的自言自语中,辨析其心理状态,包括喜好、兴趣及不满意的地方,等等。

例如,一位顾客在一家餐厅吃披萨,服务员在餐桌旁听到顾客自言自语"要是芝士再多一些就好了",就马上给送上免费的芝士条。这让顾客很欣喜。所以说,销售人员读懂顾客的语言非常重要。

1. 从多位顾客的谈话中了解每个顾客的心理

在销售过程中,我们有时候不是面对一位顾客,而是同时面对多位顾客。这时,销售人员就要有针对性地进行销售工作。

多位顾客在一起,很可能会形成一些无意或者有意的谈话。

在某商场的索尼电视卖场,正聚集着几个顾客,其中顾客A指着一款电视问道:"这款65英寸的液晶电视多少钱?"

销售人员回答:"这款是智能网络液晶平板电视,分辨率是超高清4K,售价为19999元。"

A听完之后,用一种比较高亢的声音说道:"太贵了!不能便宜吗？"

站在旁边的顾客 B 表现得非常平静，声音低沉地说："不到两万块钱还算贵？你是没见过更贵的吧？"

顾客 A 斜眼看了顾客 B 一眼，既谦卑又略带挑衅地说了句："我是做小生意的，买个一万元左右的电视就差不多了。"

顾客 B 将手中的最新苹果手机在顾客 A 眼前晃了晃，然后带着一丝嘲讽的表情说："这个电视其实还凑合了。"

顾客 C 站在顾客 A 和顾客 B 身后，拉了拉女朋友的手说："咱们还是去看看国产的品牌吧。"

这个案例里的几个人物就商品价格发表的看法以及做出的反应，也暴露了他们各自的心理需求和想法。我们来单独分析：

（1）顾客 A 性情豪爽，看得出来有一定的经济实力。但是该顾客自尊心强，为人也有点圆滑，而且不舍得花大价钱购买，甚至有些抠门儿。

（2）顾客 B 有钱但很傲慢。这类顾客的购买习惯都比较随意。他们买电视很可能是送人的。他们平时的时间应该比较紧，不管买什么，都提前选择好，而且只挑贵的，为的是彰显身份。

（3）顾客 C 经济能力一般，过的是普通小日子。但是可以从他的话语中看出，他的性格较为温和，是个比较顾家的男人。

上述通过一个价格的主题，引发了三位顾客的谈话，从中分析出了他们各自的心理特征和性格。美国心理学家库尔特·勒温说过："在日常生活中，一个人所讲的话，都是在表述自己对各种事物、情况、问题的看法，而在讲这些话时所表现的语言特征，就能够很好地反映出一个人的性格。"

因此，销售人员面对多位顾客时，需要抛出一个好的话题吸引大家发表看法，如价格问题、质量问题，等等。这样更容易观察谁才是真正的目标顾客。

2. 那些直言好斗的顾客心里在想什么

有这样一类顾客，属于力量型顾客。为什么这样说呢？因为这类顾客的性格特点如下，见图1-6。

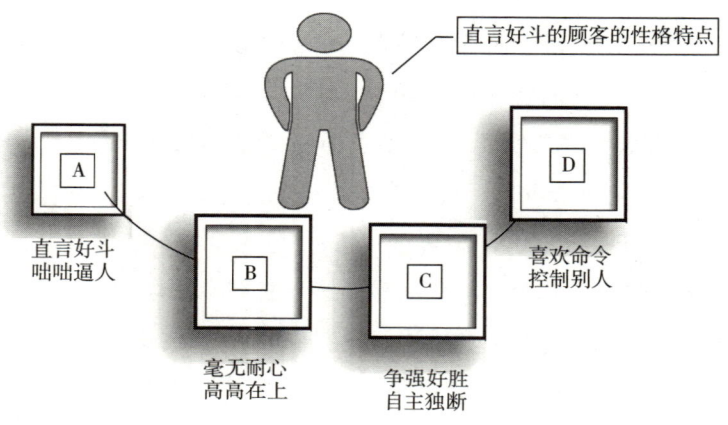

图1-6　直言好斗的顾客的性格特点

例如，"你们这是什么破商品！这么贵！""就这样的商品也好意思拿出来卖？"……

这类顾客从话语中就体现其态度冷峻，让人捉摸不透、难以接近。这类顾客经常拒绝别人，不给别人说话的机会。

面对这样的顾客，销售人员该怎么办呢？

首先要看穿其心理。这类顾客有一种极强的控制心理，缺乏耐心，重视时间效率，因此，销售人员只要能够在最快时间内说服他，就可以促成交易。

销售人员在与这类顾客打交道时，要注意控制自己的情绪，避免与其发生正面冲突。要让这类顾客有发言的机会，并认真聆听，及时对其正确观点表示认同，满足其控制欲。另外，在向这类顾客推荐商品时，不要讲得太细，着重强调商品价值就可以了。

3. 说话中透出精明的顾客怎么应对

有一种类型的顾客非常精明,光是听他们说话就能听出来。

例如,"这件衣服应该是去年的款式吧?""这件衣服整体还不错,就是这个拉链的细节处理得不是很好。""这个显示器不过一千元,组装一个主机也不到三千元。你跟我要的价钱不觉得高得离谱吗?"

这类精明型顾客的性格特点,见图1-7。

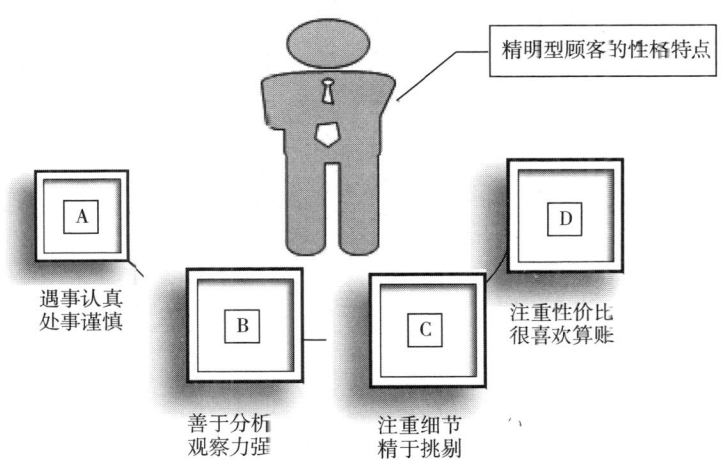

图1-7 精明型顾客的性格特点

这类顾客对人对事都很挑剔,讲求准确性,很难轻易相信一个人,只相信自己的眼睛和内心评价。可以说,这类顾客比较"难缠"。

针对这种类型的顾客,销售人员需要懂得分析他们的真实想法和需求,在和他们交谈的时候保持真诚,使其具有安全感。此外,还要为这类顾客提供足够准确的数据、资料或案例供参考,力求用事实说服对方,消除他们的怀疑。当然,这类顾客还有一种贪便宜的心理,销售人员只要抓住他们的这一心理,给他们一些优惠利益,他们就很可能会成为忠实顾客。

顾客的肢体语言说明了对商品的反应程度

要读懂顾客的购买行为，就必须明白一些肢体语言代表的信号含义。看看下面这个生活中的实例：

A要从B手里购买一张限量版CD。B要价较高，A开始还价。几个回合下来，B随手点了一支烟递给A，A高兴地接了……

最后，A以自己能接受的价格和B成交了。

这个沟通场景出现"点烟"这个动作，多数情况下可以判定B已经同意了A的条件，A再稍加沟通就能谈成。

如何才能做到快速看清顾客的意图呢？下面是顾客几种常见的肢体语言，销售人员可以从中发现他们的小心机。

1. 用手遮住嘴巴

从心理学上来看，当人们言不由衷的时候，会下意识地用手遮住嘴巴。另外，为了掩饰自己的这种行为，他们还会假装咳嗽。

如果销售人员看到顾客做了这样的动作，说明对方没有说出内心真实的想法。

2. 摸鼻子、抚摸下巴

这两个动作往往是一体的。细心的销售人员会发现，很多时候，顾客在说话时，手会偶尔在鼻子上摩擦几下，或者抚摸下巴。

这个动作的幅度非常小，几乎令人难以察觉，但这样的动作无形中反映了顾客不以为然的心理，很可能接下来他就会发表不同的意见。

此外，这种表现也可能表明顾客正在考虑，还未下决断。这时候销售人员要做的是给顾客一个思考的时间，但是不要让其考虑时间过长，选择适当的时机给对方打一支定心针，使他相信自己的决定是正确的。

3. 抓挠脖子或者抚摸后脑勺

我们通常会看到顾客用右手的食指抓挠脖子侧面位于耳垂下方的区域，或者抚摸后脑勺。由心理实验观察得知，这样的行为说明对方不确定、有顾虑。

针对这种情况，销售人员需要对话题跟进、互动，让顾客感受到尊重。

4. 抓挠耳朵

抓挠耳朵的动作和揉搓眼睛的动作所表达的含义很类似，意味着顾客处在焦虑状态。

当顾客听得不耐烦了，或者想开口说话却没有插嘴的机会，就会下意识地抓挠耳朵。例如，顾客口中说的是"你接着说"，手却不自觉地抓挠耳朵，他的潜台词就可能是："赶紧闭嘴吧。"

遇到顾客做出这种肢体动作时，销售人员需要给顾客一个冷静的空间，不要再继续唠唠叨叨。此外，如果顾客一直这样，就直接放弃。

5. 将手放在口袋里

如果顾客一直将手放在口袋里，说明他对陌生的环境感到不安，处于焦虑状态，内心充满防御。

这时候，销售人员应该营造轻松的氛围，如热情地引导顾客入座，呈上茶点等。最佳的方法是施行现代营销中的"体验式销售"，让顾客对商品产生信任，消除防备心理。

6. 顾客表示赞同的肢体语言

（1）注视你很久，不定时点头

这表示顾客对商品或者话题十分感兴趣。此时销售人员应乘胜追击，促成交易。当然，不论顾客给出什么"信号"，在与顾客交谈时，都要谦而不卑，成为一个真正的销售顾问，用自己的专业知识为顾客指点迷津，这样才能真正赢得顾客的心。

（2）双手交叉在一起

双手交叉在一起，表示顾客非常淡定沉稳地听你讲解。这说明顾客认可销售人员，因此，要把握时机，积极说服顾客购买。

（3）由咬牙沉思变得表情轻松、明朗

咬牙沉思说明顾客对销售人员的意见或者看法听得非常认真。随着销售人员说的内容越来越在理，顾客就会放下戒心，表情变得轻松、明朗。这也是成交的最佳时机。

每一次购买，顾客都会经历一场心理旅程

先来看一个购物者的案例：

假如你现在是一名顾客，此刻正在一条繁华的商业街逛街，映入眼帘的是两边生意红火的店面。这时，一个非常漂亮的橱窗引起了你的注意，你不由自主地走进店内。

你发现店内装潢得很漂亮，陈列的服装也很靓丽。你慢慢地欣赏起来。突然，你看到了一件非常适合自己的衣服。

你主动询问导购员关于这件衣服的详细信息。在导购给你介绍的过程中，你发现自己越来越想把这件衣服买回去，但是理智告诉你要冷静地比较一下，货比三家才是正确的选择。

然而，当你与导购进一步沟通时，发现对方很靠谱，说的话很在理。你对她产生了信任。于是，你询问她关于这件衣服的建议，之后采取她的建议，前往试衣间试穿，发现效果不错。于是，你果断买下。

这时，你的心里有一种满足感，一方面是因为受到了导购员的热情招待，另一方面是买到了自己喜欢的衣服。

在这个案例中,你的购买行为仿佛发生得自然而然,实际上,你的行为模式和心理变化经历了如下阶段,见图 1-8。

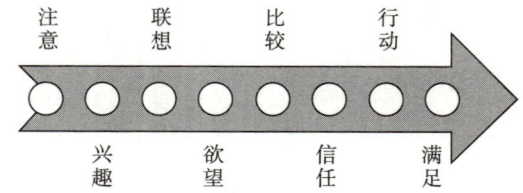

图 1-8　顾客购买过程中的行为模式和心理变化

作为销售人员,只有了解顾客,才能更好地服务于顾客,才能更快速地成交。接下来,我们分析一下每个心理阶段的内容。

1. 注意阶段

处于这一阶段的顾客,会注意店内的商品陈列。这是成交的第一步,所以商家在商品陈列上一定要下功夫。

2. 兴趣阶段

在这个阶段,顾客会提出所关心的问题,让销售人员做出相应的解释。这时,销售人员可以通过与顾客交流,观察其行为,探寻其需求。之后根据其需求进行有针对性地推荐。

3. 联想阶段

在这个阶段,顾客会从不同的角度观察、询问并索取商品资料,会想象这个商品能给自己带来什么好处。这时,销售人员要积极地向顾客介绍商品,强调商品的优点,进一步打动顾客。

4. 欲望阶段

此时,顾客会产生一种将商品占为己有的欲望和冲动,伴随这种冲动还可能有一些怀疑。例如,"究竟合不合适?""售后服务有没有保障?"……此时,销售人员要做的就是鼓励顾客参与、体验,并设法消除顾客的疑问。

5. 比较阶段

这个阶段的顾客会将商品跟其他同类商品进行比较,包括品牌、款式、外观、价格、品质、功能、售后服务等内容。这时,销售人员就要深入地介绍商品,突出商品独一无二的优点,将商品与其他商品的差异化表述出来,并鼓励顾客试用和体验。

6. 信任阶段

此时,顾客会向销售人员征求意见。如果顾客在这个阶段得到满意的回答,便会对商品产生充分信任。顾客的信任往往会受三方面影响,见图1-9。

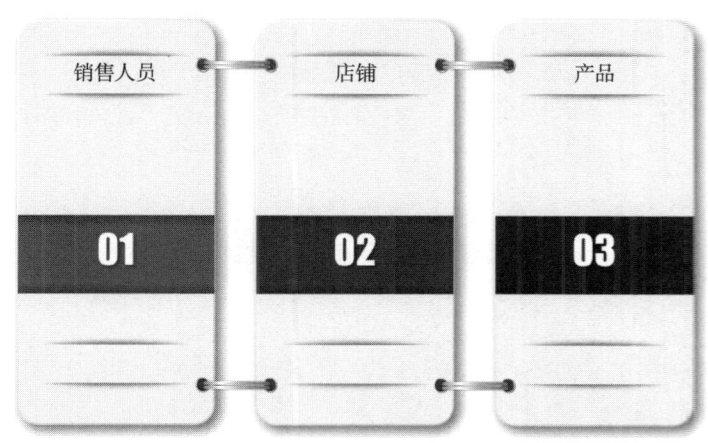

图1-9 顾客的信任受三方面影响

所以,销售人员在这个阶段要做的就是凭借专业的知识以及对商品的充分了解,对顾客的疑问给出圆满的解答。

7. 行动阶段

这个阶段就是顾客决定购买商品的环节。此时，成交的关键在于销售人员如何巧妙地抓住时机。

8. 满足阶段

顾客购买商品后的满足感来源于两个方面：

一是买到称心如意的商品后产生的满足感；二是认可销售人员的服务而产生的满足感。一旦顾客在这一阶段产生了满足感，就为以后的再次购买打下了基础，进而成为忠实顾客。

第2章
顾客绝对没兴趣的那些行为信号

　　你知道顾客在什么时候绝对没有购买兴趣吗？识别出这些信号，销售人员就可以极大地提升销售效率。当顾客步履匆匆，眼神飘忽不定时，他一定没有购买兴趣；当顾客根本不把焦点放在商品上，答非所问时，你千万不要再纠缠他……此外，我们还要学会怎样判断顾客的购买需求，是什么决定了顾客的购买兴趣，这些都是本章要解决的问题。

步履匆匆，眼神飘忽，绝无买意

顾客对商品有了购买兴趣，才有可能发展成为买家。反之，顾客对商品根本没有兴趣，销售人员就不必一厢情愿了。

顾客对商品没有兴趣的第一个特点：步履匆匆，眼神匆匆。

1. 匆匆而过的顾客，就让他像风一样飘过吧

有这样一类顾客，走进店先是环顾一下四周的货柜，然后从门口开始，从头走到尾，又回到门口。其间，销售人员主动搭腔也收不到任何反馈。

这类顾客很显然是对店内的商品毫无兴趣。换句话说，他们匆匆看了一遍商品，没有发现一件让其感兴趣的。

对于这样的顾客，销售人员要尊重其来去匆匆的自由，继续招待其他顾客。

2. 眼神始终不能聚焦在一点上的顾客，不用理会

一个人的眼神如果匆匆闪过，而且是面对琳琅满目的商品。这表明他在寻找的东西，没有找到。因此，他会毫不犹豫地离开。

另外，眼神匆匆，还可能是顾客漫无目的随便看看的一种表现。心不在焉，眼神自然无法聚焦在商品上。

因此，当遇到眼神始终不能聚焦在一个点上的顾客时，销售人员可不必理会。

3. 找到顾客步履匆匆的真正原因

除了顾客自身原因外，销售人员不恰当、不科学的销售方法也会导致顾客步履匆匆。

举个简单的例子：

> 有一个销售酸奶的销售人员，站在店门口，只要有人从店门前经过，她都会喊："欢迎光临！试一试吧，喝一杯酸奶让你的肠胃顺畅，欢迎光临……"
>
> 从早上一直喊到下午，她很卖力，但进店购买的顾客寥寥无几。

像这样的销售员有很多，东西越是卖不出去越是着急，越是一遍遍地卖力叫卖。实际上，如此叫卖，自然是零顾客、零销售。

我们来分析一下顾客听到这句不断重复的"欢迎光临"的心理反应。

这句犹如复读机似的"欢迎光临"会在顾客心里筑起一堵高墙，因而会选择极力避开销售人员的视线，加速离开。

"欢迎光临"这种促销方式，用在吸引远处的顾客产生好奇心有一定效果。但是如果顾客都走到跟前了，销售人员还是一遍一遍地喊"欢迎光临"，顾客就会因体会不到销售人员的真实感情而选择回避。

那么，该如何做，才能让顾客不再步履匆匆呢？

首先，戒掉"欢迎光临"的方式，改为"你好"。

其次，不要重复问候语。

最后，要认真问候。在这里要注意几个细节表现，见图2-1。

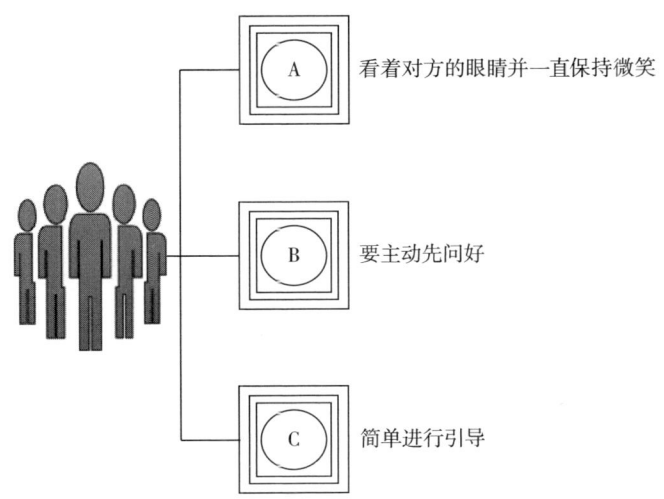

图 2-1 销售人员在认真问候上面的细节表现

做到这些基本的招呼细节,再加以热情巧妙的引导,顾客很可能就会完成购买行为。

焦点不在商品上，一定没有兴趣

顾客既然能够形成购买行为，那么他的焦点一定是在所要购买的商品上。如果焦点不在商品上，说明顾客根本没购买兴趣。

要弄清楚顾客为什么没有把焦点放在商品上，不妨先从顾客的感觉心理说起。

1. 顾客的感觉心理是什么

第一，什么是感觉？可以从图2-2获知。

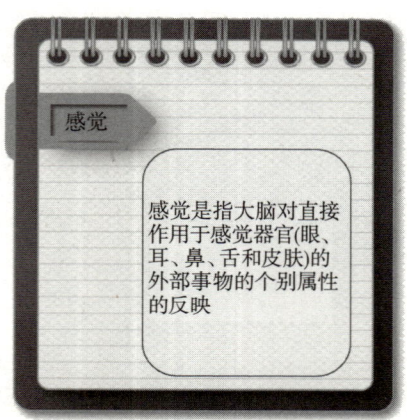

图2-2 感觉的概念

感觉是一种最常见的心理现象。

顾客对某一商品的认知正是始于感觉。商品引起顾客的感觉,顾客才会产生兴趣,进而产生购买欲望,最终完成购买行为。

例如,顾客要买苹果,首先看到苹果的颜色,其次闻到苹果的香味,产生心理连锁反应,进而表现出感兴趣或者不感兴趣(见图2-3)。

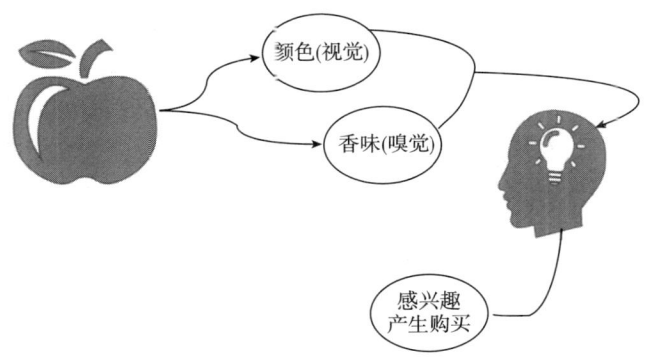

图2-3 顾客购买苹果时产生的感觉心理过程

第二,感觉的分类。人的感觉是多种多样的,科学家根据感觉刺激把感觉划分为外部感觉和人体内部感觉两大类。

下面来分别看一下两类感觉。

(1)外部感觉

如果按照引起感觉的刺激物与感受器有无直接接触区分,又可以将外部感觉分为距离感受作用和接触感受作用。前者是指感受器与刺激物不发生直接接触而产生的感觉,如视觉、听觉和嗅觉;接触感受作用则是指感受器与刺激物必须发生直接接触才能产生的感觉,如味觉、触觉。

美国一家心理学机构研究表明,在外部感觉中,视觉是人们获取信息的最主要通道。有超过85%的信息是通过视觉获得的,有10%的信息是通过听觉获得的,其余的5%是通过其他通道获得的(见图2-4)。

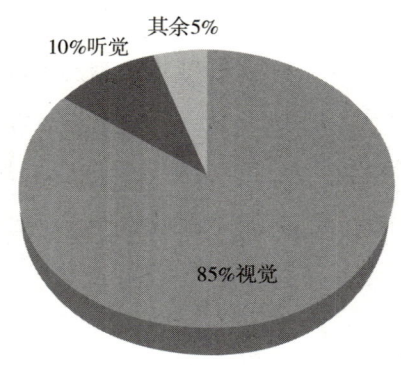

图 2-4 感觉获取分比

也正是因为这个原因,很多企业或者品牌的广告大多是以刺激人的视觉产生宣传作用的。而这也是顾客对商品没有视觉上的聚焦就无法形成兴趣的原因。视觉上无法刺激到顾客,顾客自然没有兴趣。

(2) 人体内部感觉

人体内部感觉指的是由人体内部各个器官运动的刺激所引起的感觉。例如,肌肉运动感觉、平衡感觉、内脏感觉等,可见,它反映的是身体的运动、内脏器官等的不同感觉。

第三,感觉的规律。

(1) 适宜刺激

所谓适宜刺激是指对特定感觉器官的特定性质的刺激。每种感觉器官只能反映特定性质的刺激。例如,在一些商品宣传设计中,首先要考虑的是选择以哪种方式感觉刺激为主。如果是服装,则应该突出视觉刺激。这样才能在视觉上抓住顾客,让顾客的关注点集中在商品上。

(2) 感受性

什么是感受性?感受性是对刺激强度以及变化的感觉能力。它说明引起感觉不仅需要适宜刺激,还要有一定的度。太强或者太弱的刺激都不能起到太大的作用,这也正是销售人员要注意的。例如,顾客走进店铺时,销售人员太热情或者太冷淡往往都无法引起顾客的购买欲望。

(3) 适应性

适应性是指刺激物持续不断地作用于人的感觉器官，从而产生顺应的变化，让感觉预先升高或者降低。适应性既能提高也能降低感受性。

举个例子，白天观众走入电影院，里面一片漆黑，什么也看不清楚，但是几分钟之后人们就会适应，这叫暗适应，是感受性的提高。再比如，一个人身上常年喷香水，时间久了自己就闻不到自身的香水味了，这是感受性降低的表现。

在顾客的购买行为中，顾客面对新的商品时，最初有一种新鲜感，但是时间长了，就会习以为常，那么这个商品就不能对顾客产生吸引力了。因此，在商业活动中，很多商家会利用新包装或者新设计增大商品对顾客的刺激，引起顾客对商品的视觉或者其他感觉的聚焦，从而对商品产生兴趣。

（4）感觉的对比性

对比性就是指不同的刺激物作用于同一感觉器官而使感受发生变化的现象。不同的刺激物同时作用于同一感觉器官所产生的对比现象叫作用时对比。例如，白颜色在明亮的地方就会变得暗淡，而在黑暗的地方就会显得明亮。不同刺激先后作用于同一感觉器官时会产生即时对比心理，例如，从安静的地方进入闹市，人们就会觉得不适应。

当我们在了解了上述这些感觉对比规律后，就会知道，在商品摆放时，应该如何用对比摆放引起人们的聚焦。

2. 调整视觉上的心理聚焦

很多时候，顾客之所以没有聚焦，是因为你的商品或者店铺没有在视觉上刺激到他。我们可以根据上述感觉心理学的内容调整视觉上的设计。

例如，下面这个案例。

一个商人有两家店铺，一家是饭店，另一家是咖啡店。商人在一开始装修时，为了吸引顾客，就把饭店的墙壁刷成了蓝色，把咖啡店的墙壁刷成了淡红色。开业一段时间后，两家店的生意都不好。

后来，他咨询了商业顾问。顾问建议他把两家店的颜色更换一下。

原来饭店的蓝色墙壁给人心理上产生一种宁静凉爽的感觉，顾客在吃饭时，细品漫谈，流连忘返，这就严重影响了饭店的上座率。而咖啡店的淡红色则无法让顾客感到宁静，进店后不久就离开了。

后来商人把饭店和咖啡店的颜色互换，并将淡红色改为橘红色。如此一来，两家店铺的生意都非常火爆。

人看到蓝色，产生凉爽的感觉，看到橘红色，会产生温暖、兴奋的感觉。这就是心理现象中的联觉作用。

抓住顾客的心理，就能够使其聚焦于商品或者店铺，进而产生购买或消费的兴趣。

不听你说话，可以不理他

通常情况下，如果顾客在你面前面无表情或者不听你说话，那么很有可能对你的商品不感兴趣。

我们可以换位思考一下，如果你是顾客，正前往一家门店购买一台电脑。你首先就是挑选商品（根据自己的喜好选择商品），然后看标价；如果标价合适，就会产生兴趣，进而甚至不用等销售人员向你介绍，你就会主动询问这款电脑的配置参数（见图2-5）。

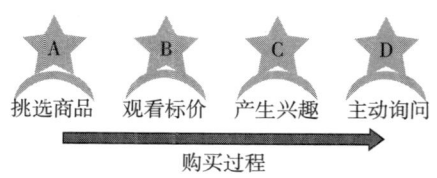

图2-5 换位思考，顾客正常的购买过程

这是一个正常的对商品感兴趣的过程。如果顾客对商品不感兴趣，面对销售人员的主动讲解会有三种表现形式，见图2-6。

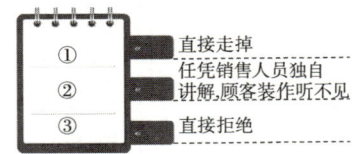

图 2-6　面对销售人员的主动讲解，对商品不感兴趣的顾客的三种表现形式

因此，当销售人员发现顾客不听自己说话时，大可以不再理会他。但是问题来了，我们如何才能读懂顾客的这种心理、扭转局面呢？

1. 深入顾客心境，探索顾客心情体验

在很多情况下，顾客之所以不愿意听销售人员的讲解，是因为心境。

心境主要是由事物引起的不同心情体验。顾客的心境也就是在与销售人员交流或者对商品了解过程中的一种情绪体验。

举个例子，顾客在店铺受到销售人员的热情接待后往往会心情舒畅，导致购买顺利；反之，顾客会对商品失去兴趣。但是这并不表示只要销售人员热情招待就能促成顾客的购买行为。有时候顾客情绪低落，就会在很大程度上缩小知觉范围，缺乏对周围事物的敏感性。顾客在这种心境下，就算对平常感兴趣的商品，也会失去兴趣。

这就要求销售人员对顾客进行仔细地观察，察觉顾客心境、情绪的变化。如果顾客面容阴沉，面对销售人员的主动招呼或者微笑视而不见，销售人员就不要继续"招惹"他。

此时，销售人员可以用其他的方式，如利用给其他顾客展示商品特色和优点的机会，吸引情绪不佳的顾客的关注，让他被商品打动，进而产生兴趣。

2. 触发顾客内心感性按钮

很多时候销售人员已经获取了顾客的需求信息，但是按照传统销售流

程式的解决方案却不见效果。这时候，就需要进行创新，从心理角度去探索，从顾客的喜好、性格、职业、爱好、家庭背景等多方面掌握其心理变化，进而触发其内心感性按钮。

比方说，顾客不愿意听你说话，却又注目于店内的商品，迟迟不走。这说明他对商品还是有需求、想购买的。这时，你可以拿出一张表格让对方填写。让对方主动填写自己的爱好和职业等。

通过表格了解了顾客的详细信息后，再结合对方的需求推荐商品，这样的销售会更容易。当然了，如果顾客排斥这些，那么说明他当下没有购买商品的意图，那么销售人员也就无须强人所难了。

从询价上判断顾客的购买欲求很简单

要想知道顾客是否对商品感兴趣,最容易的判断方式就是看顾客如何询价。举个例子:一个顾客走入一家服装店,对导购员说:"这件衣服多少钱?"

注意,顾客问价有不同的表现方式:

第一,顾客围着这件衣服转来转去,然后问价;

第二,顾客一边走一边问价;

第三,顾客在这件衣服面前停留片刻,然后问价。

这三种表现方式,反映出顾客不同的问价行为信号。

第一种表现方式,反映出顾客是真的对商品感兴趣。第二种表现方式,说明顾客是走马观花、漫无目的地闲逛,随便问问。第三种表现方式,多是因为顾客对店内服装都不感兴趣,询问价钱只是想给自己放弃购买找一个理由——希望得到销售人员的回答后,以服装价格"太贵"或"太便宜"顺势退场。

不管顾客如何表现,对销售人员来说,最重要的是把握其问价心理,巧妙回答,让其对商品从没有兴趣或者有少许兴趣到产生兴趣。

1. 顾客问价时关联"熟人经济"的情况

顾客可能这样问价:"你们做鼻子整形术需要多少钱?我是一个好朋友介绍过来的。"

这时候,需要仔细分析顾客问价包含的信息。

顾客通常说是朋友介绍的,就是打出熟人经济的套路,内心希望商家能给他优惠。如果商家因为"熟人经济"而优惠于他,他会对商品或者服务产生兴趣,进而有可能购买。如果商家对这套"熟人经济"毫无表示,那么顾客会掉头就走,进而事后可能还对商家做出负面宣传。

错误回答:"我们的鼻子整形术是两万元起步,分为多档,要看你做哪个级别的。"

这种回答很显然是不正确的,很可能会让顾客瞬间"逃离"。为什么?因为你根本没有把顾客口中的"好朋友"当回事,而这恰恰是顾客最关心的。因此,这是失败的回答话术。

正确回答:"是吗?她是我们整形院的老顾客了,很感谢她介绍我们认识。我是×××整形顾问××,很高兴认识您……"

这个回答首先赞美了顾客的朋友,其次肯定了顾客朋友的推荐,拉近了跟顾客的关系,让沟通变得有人情味。这样就会让顾客对此服务产生兴趣,接下来再进行详细的沟通和聊天,就有可能将其发展成为新顾客。

在这个过程中,销售人员要注重提取顾客问价话语里面的关键词。上述案例中的关键词就是顾客口中的"朋友介绍"。销售人员的回话要有侧重点,让顾客感觉到其"计谋"有了成效,这样对方才会继续参与购买行为的其他环节。

2. 问价中看出顾客的情感冲动

还有一些顾客在问价时,往往体现出自己的情感冲动。情感冲动型顾客的购买特点分析如下:

这类顾客的个性特点通常是情绪易于冲动，心境变化剧烈，对外界的刺激较为敏感。在整个购买过程中表现为冲动购买。这类顾客对商品的选择以直观感觉为主，容易受到外在的广告或者包装等影响，并追求新商品和时尚商品。对待商品的价格更是非常"粗暴"，要么嫌贵直接拒绝，要么图实惠直接下单。因此，这类顾客在购买时，会带有浓厚的感情色彩。

面对这种顾客问价时，销售人员可以直接将价格报出来，不需要隐瞒，而且有优惠促销信息也一并说出。这样，如果顾客觉得可以就会有兴趣，如果不满意，也不会兜圈子。

所以，顾客问价时所表现出来的种种行为，销售人员都不能只看表面，应该从心理和情感等多方面因素考虑和分析，然后给出一个恰当的回复。

为什么顾客会失望

销售人员在观察分析顾客是否感兴趣的过程中,要意识到顾客失望的行为。为什么我们追着顾客询问了很多话,最后顾客还是无动于衷地走掉了?为什么我们积极地推荐商品,顾客依然不买单?其实,很多情况下,顾客之所以会失望,是因为产生了抱怨,而产生抱怨或者生气的一些原因,很可能是销售人员的销售方式不妥当。

1. 顾客失望产生抱怨的表现

顾客在购买一开始就很容易产生失望和抱怨心理。下面看一下顾客抱怨的一般表现。

(1) 语言

顾客产生抱怨后,语言上会带有一些浓厚的情绪化色彩。表现出的语言比较生硬,见图2-7。

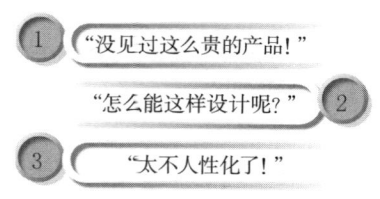

图2-7 顾客产生抱怨后的语言表现

也有人会直接把抱怨的原因说出来。还有的顾客产生抱怨后会变得容易动怒,甚至还会对销售人员说一些粗鲁话语。

(2)面部表情

失望的顾客会在产生抱怨心理之外产生面部变化,例如双眉紧锁,目光中透露着怨气,甚至会表现出愤怒的表情。

(3)行为表现

顾客产生失望心理后,购买行为也会发生变化。有的顾客会小心翼翼,甚至还会表现出极其不自然的状态。有些顾客的动作幅度则会过大,表现出极其不满。有的顾客还会中途直接拒绝购买,然后离开店铺,甚至还会进行投诉。

2. 分析顾客失望或者抱怨的心理状况

(1)顾客渴望得到尊重

顾客对商品或者服务失望,往往是因为感觉受到了卖家的忽略,希望得到卖家的尊重和同情,以此让自己的失望心情得到弥补。

(2)顾客寻求发泄的心理

通常情况下,一个人在采取某一行为时,往往是对原平衡心理的一种打破,需要自行调节内心的冲突才能达到新的平衡。有些顾客在购买环节中,为了达到心理上新的平衡,就会用失望或者抱怨心理来代替,用抱怨的语言或者行为发泄出来(见图2-8)。

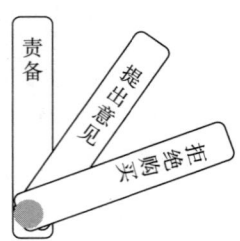

图2-8 用抱怨的语言或者行为发泄出来的表现

(3)期待补偿心理

顾客为了维护在购买过程中的自身利益,缓解因购买活动而打破的心理平衡，特别期待一种心理上的补偿。

3. 导致顾客失望的五种销售行为

顾客在销售人员这里得不到满意，就会对商品的兴趣大大下降。下面看一下，有哪些销售行为会导致顾客失望。

（1）探照灯式

这种方式很容易引起顾客兴趣全无。顾客推开门进店，销售人员如同观看马戏团表演一样，眼睛紧盯着顾客的一举一动。

（2）冷漠式

顾客进店前，销售人员可能正在忙着整理商品或货架。看见顾客进店，只是抬头看了一眼，然后继续忙自己的事情，丝毫不搭理顾客。就这样，销售人员埋头苦干，把顾客当空气，顾客肯定会掉头就走。

（3）闲聊式

销售人员相互聊天，而且内容非常"八卦"，看见顾客进了店，没人主动上前相迎，继续聊。销售人员以为顾客有需要自然会叫自己。殊不知大部分顾客都不会"求着你"。在这种氛围下，就算顾客看到心仪的商品也会转投其他店铺。

（4）拉客式

有的销售人员过于热情，恨不得把路过店铺的顾客都拉进店铺推荐购买商品。实际上，将近90%的顾客一见这样的销售人员都避之唯恐不及。

部分顾客被成功地"拉"进店铺，但逗留时间平均不超过30秒，因为顾客猛然受到销售人员如此热情地"袭击"，陡然生出防御心理。

（5）急躁式

顾客一走进店里，销售人员就紧跟其后，迫不及待地开启推销模式："这是我们最近在做的促销商品，八折优惠，只有最后一天，错过了可就是原价……""这款商品很适合您，明天就没有赠品了……"

就算顾客原本对商品有兴趣，也会被这种急躁式的推销"吓到"，以致 say goodbye。

商品与顾客的匹配指数决定了他的购买兴趣

除了销售行为和顾客情感心理因素,还有一种因素导致顾客没有产生购买兴趣,那就是商品与顾客的匹配指数不符合。换句话说,你的商品配不上顾客时,顾客自然没兴趣。反之,如果商品过于高端,顾客也不会产生购买兴趣。

因此,了解商品与顾客匹配指数的关系,对顾客的购买行为也是非常重要的。

1. 商品设计与顾客使用的匹配,会激发购买兴趣

我们都有这样的购物经验。在逛商场时,如果看到某个商品设计很有创意,或者很实用,往往会多逗留,甚至还会仔细询问销售人员,因为这些商品设计可能引发了我们的需求和兴趣。

例如,Amana 是美国著名的家电品牌,在冰箱的设计上,该公司从来没有放弃调研市场和调查用户。

Amana 的设计团队和企业管理层希望在研究顾客行为的基础上建立顾客与商品之间的某种情感联系,让冰箱不再是简单的家电。设计师给其中一款冰箱的门内搭配了一个"儿童区",其高度恰好符合儿童自取食物,家长可以在这个区域内放置儿童喜欢的饮料和零食。

此外，设计师还意识到厨房是一个家庭中的"中心"，所以在设计冰箱时，给冰箱增加了录音功能，让家庭成员可以在厨房内相互留言，省去了写便笺条的麻烦，这也是智能冰箱的最早开端。

经过这番设计以后，Amana 在市场中获得了很大声誉，顾客对这个品牌的其他商品也产生了浓厚的兴趣。

在这个过程中，Amana 的设计团队还运用了心理美学的功能。利用研究顾客的心理，搭配审美设计，让品牌与顾客之间建立了情感沟通和桥梁。

像 Amana 这样的商品设计往往就能引发顾客在购买行为中的兴趣点。因为无论是儿童冰箱还是录音冰箱，它们的设计感都非常有创意，而且最关键的是实用。就算是已经有冰箱的家庭，也会产生浓厚的兴趣，想选购一台放在自家厨房中。

这就是商品设计与顾客使用产生良好的匹配指数，从而导致顾客对商品产生兴趣，进而购买。当然，这需要商家或者品牌的设计团队在充分了解顾客和市场需求的基础上进行研发设计。

2. 商品与顾客身份匹配

在购买行为过程中，顾客往往会着重选择与自己身份相匹配的商品。这包括下列因素，见图 2-9。

图 2-9 顾客身份的构成因素

打个比方，去家居品牌店，普通职员和公司经理购买沙发时，就有很大的不同。普通职员的预算不超过 3000 元，所以会把注意力放在这类"千元级"的沙发上，对那些上万元的沙发就不会关注。

公司经理级别的顾客在购买沙发时，会直接把注意力放在一万元以上的沙发种类上，低于一万元的沙发往往引不起他的兴趣。

因此，销售人员在推销商品时，首先就需要判断出对方的大致身份。这主要根据哪些信息来判断呢？参见图2－10。

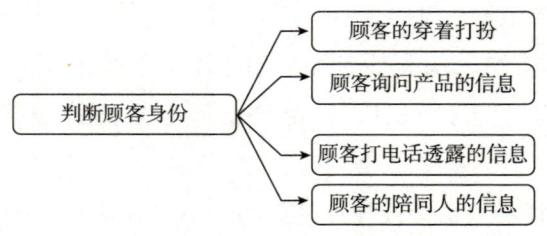

图2－10　判断顾客身份的方式

了解了顾客的身份后，再进行合适巧妙的推荐，那么很可能就会让顾客对商品产生兴趣，进而购买。

第3章
快速捕捉顾客发出的好奇信号

当你遇到对商品产生好奇的顾客时，恭喜你，你的销售已经成功了一半。销售人员必须要搞清楚顾客发出好奇的行为信号是什么。例如，当顾客面对商品不停地追问"为什么"时，他绝对产生了好奇心理。抓住这些行为信号，就能有的放矢，销售也会达到事半功倍的效果。

商不厌奇，抓住顾客好奇的本能心理

顾客的好奇心理与从众心理是相似的。譬如，在大街上看到一堆人围在一起，就总是忍不住过去看看。好奇是人的本性，对自己不了解的事物总是想了解，但是多数人往往害怕冒风险，所以面对好奇总是小心翼翼。这也是人的本能。

人天生具备好奇心理，才有了"商不厌奇"的说法，商家的促销活动在设计上也越来越出奇。用古怪新奇的方式，激发人们的好奇心理，从而增加客源数量。因此，商家也好，销售人员也罢，都要先学会分析顾客的好奇心理。

1. 抓住时机，反其道而行

为什么炎炎夏季，会有很多羽绒服品牌进行反季营销？因为这种反其道而行的方式恰恰抓住了顾客的好奇心理。

我们再以香水为例。你是不是认为香水品牌的名称越温柔美丽越好？的确，很多人觉得香水名称应该女性化。实际上，世界上销量最大的香水品牌不是 Arpege，也不是香奈儿 5 号，而是露华浓公司的查利。这是第一个试图用男性化名字与穿套装女人广告争高低的香水品牌，而且大获成功。

查利的成功告诉我们,当同行业都在朝一个方向发展时,由顾客好奇心生成的机遇却在相反的方向上。我们可以用一个图表示查利的这种做法,见图3-1。

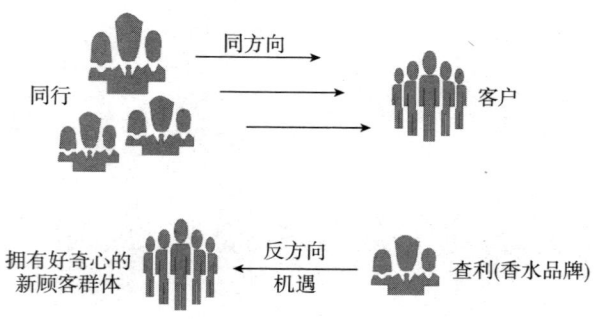

图3-1　查利品牌反其道而行的做法

这就是反其道而行的做法,迎合了广大新的好奇顾客群体,还会引发一系列跟风者。

2. 运用好奇接近法

顾客都有好奇心理,如果我们可以利用顾客的好奇心理接近对方,就能让销售更加容易。

如果可以,销售人员可以把商品使用方法展示出来,让每个商品都展现出其独特之处,就像盘子一样,除了盛菜使用,还可以当艺术品。

当然,销售人员必须找到商品真正的独特之处、新颖之处。

3. 正确地利用顾客的好奇心理

在常见的商务电话沟通中,业务员可以先唤起顾客的好奇心,引起顾客的注意力和兴趣,建立与顾客的关系,由此获得与顾客的顺利沟通。

但是,有一个问题需要注意,那就是利用顾客的好奇心要根据具体情况设计具体的语言。换句话说,激发顾客好奇心的方法应该合情合理,奇妙而不荒诞。

销售人员需要通过以下展示面对顾客的好奇心理,见图3-2。

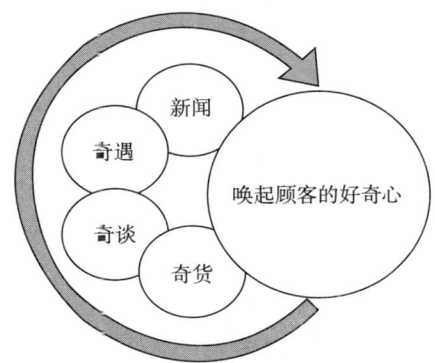

图3-2 用这些展示面对顾客的好奇心理

这些都是合乎客观规律的新奇事物,能唤起顾客的好奇心,以达到接近顾客的目的。销售人员或者商家绝对不应该凭空捏造违背客观事实的奇谈怪论诱惑顾客,更不能进行一些违背科学的宣传。

另外还要注意,无论利用什么语言,都应该与推销商品有关。如果顾客发现业务员的接近与推销活动完全无关,很可能立即心生防范、退避三舍。

不停地问"为什么",说明已经引起顾客的注意

在一家羽绒服专卖店,一位顾客拿起一件羽绒服对销售人员说:"这件衣服为什么只有70%的充绒量?""为什么帽子的颜色和衣身不同?""为什么紧绳带做这样的设计?"

当顾客针对某件商品不断询问销售人员"为什么"时,这说明顾客对这个商品有好奇心,该商品引起了他的注意。

我们来分析一下"为什么"里面包含的一些心理因素。

1. 紫牛原理

从小在城市里长大的人,尽管每天都喝着牛奶,通常没有机会亲眼看到一头奶牛。突然有一天,我们来到一片大草原上,这是第一次亲眼看到一头奶牛。白色的牛身,黑色的花斑,优哉游哉地啃着青草。你突然大喊道:"快看,是奶牛啊!"

接下来,你继续往前走,然后看到了第二头奶牛,你还是会大喊:"快看,又是一头奶牛!"然后,你看到了第三头、第四头、第五头……你身边出现了一大群奶牛。此时,你对"奶牛"已经没有什么新奇反映了。

除非,在你眼前突然出现了一头浑身紫色的奶牛,你会再次大喊:"紫色的奶牛啊!""为什么这头奶牛是紫色的?""它怎么会是紫色的?"

这就是紫牛原理。在顾客购买行为中，顾客在看到一件新奇的商品时，会有很大的注意力。当他发现很多同类商品时，不会再感到好奇。而此时，如果出现了一个更加新奇的商品时，他会不停地询问。

著名市场营销专家、雅虎前营销副总裁赛斯·高汀指出："我们如今面对的是'后消费时代'的顾客，也就是那些很难能有事物激发起购买欲望的人。他们几乎拥有了一切，不需要更多的商品。而且他们如此匆忙，以至于没有时间去浏览商家不惜血本投放的广告。"

高汀给我们的忠告是需要成为"紫牛"，以引起人们的好奇。美国的脑科学家约翰·梅迪纳也曾告诉过我们，人类大脑在与自然斗争的过程中，发展出了独特的"紧急警报"功能。外界的刺激实在过于复杂，若每项都需要处理，大脑会崩溃。因此，那些常规、不新奇的事物出现时，大脑会自动将其视为安全的。只有不寻常的事物出现时，才会引发大脑好奇。

因此，在顾客的购买行为中，眼前出现了与众不同的商品（紫牛），就会立刻被关注，大脑产生"为什么"的疑问。

2. 要想购买才会问"为什么"，确保内心的"万无一失"

顾客之所以会不断地询问"为什么"，就是心里对这件商品很好奇。在好奇之余，想知道这件商品是否适合自己。

因为新奇的东西往往有很多问题是顾客不懂的，所以他需要追根究底问明白，好给自己一个"万无一失"的购买理由。

因此，销售人员要明白顾客的这一心理，面对其提出的疑问，给出详细的解释，最好是能够拿出示范案例，这样更容易说服其购买。

3. 顾客喜欢新奇且独一商品的心理

顾客还有一种心理，即表面上是询问关于商品的问题，实际上是寻求个性化。这类顾客往往喜欢新奇个性的东西，最好的、独一无二的，为此往往不在乎价钱，所以销售人员需要机灵地做出回应。如果不明白这一点，很可能适得其反。看下面这个案例：

> 一位年轻女士来到一家服装店，仔细观看着挂在衣架上的一款衣服。稍后，她取下这件衣服，端详了一会儿，问销售人员："这件衣服多少钱？"销售人员说："1200元。"随后，顾客说："好的，替我包起来，我要了。"
>
> 顾客正在掏钱时，销售人员恭维说："小姐真是好眼力！很多人都喜欢这款衣服，这是我们店里的畅销款。"顾客听了以后，立刻收起钱包，说："抱歉，我不要了。"

为什么顾客突然不购买了呢？因为销售人员没有真正读懂顾客对新奇且独一商品的追求心理。

一个好的销售人员一定要通过看、听等感觉器官，层层递进地去观察和了解顾客的真正需求。在上述案例中，如果你了解"听"的技巧，透过顾客简单的语言对话来分析，就会发现该顾客是一个追求新奇个性的人。她的关注点不是价格，而是独特。同时这类顾客也很有主见，属于感性顾客，喜欢凭自己的感觉与判断做出决定，不愿意接受别人的建议。如果案例中的销售人员了解了顾客的这一心理，就不至于因说错话导致交易夭折了。

第❸章
快速捕捉顾客发出的好奇信号

他在那台音响前来来回回了好几次

很多顾客在逛商场时，会非常钟情于一件商品，甚至会在商品跟前一再徘徊。

这说明这件商品已经成功唤起了顾客的注意，下面我们来看一下关于这点的心理分析。

1. 顾客的好奇和注意

什么是注意？概念如图 3-3 所示。

图 3-3　注意的概念

与认识过程的其他心理机能不同，注意并不是一个独立的心理活动，而是感觉、知觉、联想等各方面心理机能活动的一种共有状态或者特征

57

（见图3-4）。

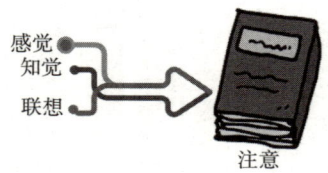

图3-4 注意是由多种心理机能活动组成的

这一特征主要体现在指向性和集中性两个方面。

指向性表现为心理活动不是同时朝向一切对象，而是有选择、有方向地指向特定的客体；集中性则是指心理活动能在特定的选择和方向上保持并深入下去，同时对一切不相干的因素予以排除。指向性和集中性相互关联、不可分割。

在复杂的顾客购买行为中，顾客的精力往往是有限的，不可能同时注意很多商品，只能将精力有选择地集中在部分商品上。这些商品就是引起顾客好奇心的商品。

2. 注意的选择功能

顾客的注意有一种选择功能，即选择有意义的、符合自己需要的商品，排除或者避开那些对自己无意义的商品。

面对琳琅满目的商品，顾客不可能都做出反应，只能把心理活动指向集中于少数商品或者信息，将这些置于注意的中心，而使得其他的商品处于这个注意范围之外。

只有如此，顾客才能清楚地感知商品，深刻地记忆有关该商品的信息，集中精力去分析和思考这件商品，进而判断自己是否需要购买。反之，如果没有注意，顾客的心理活动就会陷入茫然无措的状态。

因此，当顾客来来回回在一件商品面前徘徊时，说明顾客的注意有了集中选择。那么，他的所有精力都会用在分析这件商品上。从性价比、实用功能等方面，进行仔细思考。这时候，销售人员要洞察这种心理因素，从而在推荐时,要针对商品的特色和主要功能展开。

3. 弄明白顾客的记忆

我们对于"记忆"这个词很熟悉,甚至每时每刻都在运用,那么到底什么是记忆呢?见图3-5。

图3-5 什么是记忆

记忆是大脑的重要机能之一,也是顾客认识过程中极其重要的一个心理因素。在顾客的购买行为中,顾客感知过的广告、使用过的商品、去过的商店等,在大脑皮层留下了一些兴奋或者忧伤的印迹。

顾客对一件商品之所以来来回回徘徊,就是因为对这件商品在记忆上有了印迹,而且好奇心导致顾客越发想要更多地了解这件商品,因此顾客会不断打量商品,以求印在记忆中更多关于这件商品的信息。

在这里,有一个关于记忆的过程需要了解(见图3-6):

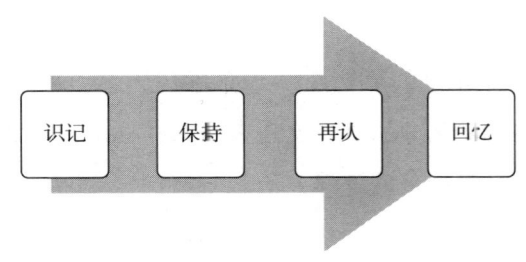

图3-6 记忆的过程

(1)识记

识记是人为了获得对客观事物的深刻印象而反反复复进行感知,从而使客观事物的印迹在头脑中保留下来的心理活动,它是记忆的前提。

在购买行为中,顾客就是运用视觉、听觉和触觉等去认知商品,并在头脑中建立商品之间的联系,留下商品的印迹(见图3-7)。这常常表现为顾客反复看某件商品,多方面了解商品信息,以加强对商品的印象。

图3-7 识记的过程

(2) 保持

保持是指在识记的基础上,将已经识记的知识和经验在大脑中积累、储存和巩固,让事迹、材料长时间地保留在大脑中。例如,通过识记把某商品的款式、颜色、质地等储存在大脑中。

(3) 再认

再认是指感知过的事物重现在眼前能够识别出来的过程。换句话说,当以前感知过的事物重新出现时,能够感到听过、看过。例如,顾客在市场中看到某商品,认出自己曾使用过或者看到过。

(4) 回忆

回忆是指过去感知过的事物在一定条件的诱发下重新反映出来的过程。例如,顾客在购买某商品时,会来来回回在这件商品面前打量,其实是在进行比较,这就是回忆的过程。

上述四个环节紧密联系又相互制约。识记和保持是前提,没有这个前提就谈不上对经验的保持。没有识记和保持,也就无法产生对事物的再认和回忆。

销售人员只有了解这些关于记忆的心理分析,才能全面地对顾客的行为做出判断和分析,进而拿出有效的销售策略说服顾客消费。

第 3 章
快速捕捉顾客发出的好奇信号

 当顾客发出一定的空间信号时

顾客的购买行为，身上会发生很多信号，如动作信号、表情信号、语言信号、视线信号，等等。你听说过空间信号吗？

当顾客发出相关的空间信号时，我们应该怎么办呢？

我们首先对空间信号了解一下。

1. 什么是空间信号

人类学家霍尔认为，每个人都有属于自己的个人空间，这个空间距离有一米左右。

在顾客的购买行为中，销售人员往往与顾客是互不相识的，甚至属于利益对立的人际关系。因此，原则上，销售人员应与顾客保持一米左右的空间距离。这就是一个既定的空间信号。

当顾客在购买行为中，尚未下决心购买时，有的销售人员会带着推销目的向顾客接近。这时候就会打破既定的一米的空间距离，使顾客产生戒备心理以致走开。这也是为什么大多数顾客都不大喜欢销售人员站在他们身边的原因。

当然，销售人员总是站在一个地方或者不动也不好，这等于宣布这个地方属于他个人管辖的范围，尤其是站在店铺入口处则更不合适。因此，销售人员应根据顾客的活动情况灵活调整自己的位置。

这就是空间信号在顾客购买行为中的重要性,销售人员务必注意。

2. 空间设计体验

明确了空间信号的概念和顾客对空间行为的心理分析后,我们接下来就要对这种空间信号做出改变。这需要进行店铺的空间设计。

在互联网的发展下,人们的购买行为也发生了一些变化。随着苹果体验店的兴起,小米、华为、vivo等各种体验店不断崛起,在这些体验店内,顾客可以自由自在地试用品牌商品。特别是一些家居体验店,更是受顾客欢迎,顾客在体验店中犹如置身家中,深度体验商品对自身的刺激和自身对商品的感觉。如果顾客在这种场景中得到了优质良好的体验,那么就有可能转化为购买,而且其转化率往往很高。

因此,商家最好在空间上进行特别地设计,给顾客带去空间上的自由度。

顾客空间是店铺最重要的部分。每个区域都有不同的功能,但是要保持整体的一致性和协调性。最重要的一点就是要留出顾客流动区间。我们以一家餐饮店为主,看一下如何布置顾客空间。

(1)考虑一下收杯子的路径。

(2)考虑一下顾客走到吧台、卫生间等的路径。要确保这些路径都明确并且易于找到。

(3)规划区域,使拥挤区域达到最小值,尽量避免造成顾客拥挤的情况,避免需要移动椅子或者其他家具的情况。

有了这种科学的空间设计,顾客在店铺内不会感到拘束,也不会感觉到压抑,更不会因为个人空间太过狭小而导致退出购买。

3. 结合"人、货、场"三元素进行场景体验设计

场景体验需要三个元素的配合,见图3-8。

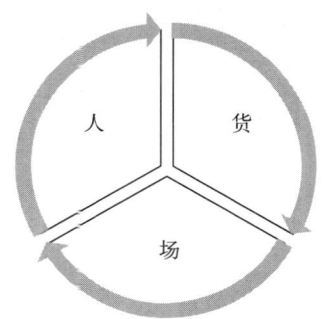

图 3-8　场景体验的三个元素

我们以广东第一家星巴克社区体验店为例,看其如何吸引顾客进而受到青睐的。

先来看一个顾客的经历。

清早,住在广州锦绣香江小区的居民卢卡斯会牵着他的金毛犬来到星巴克全国首家社区体验店。这家门店是一个下沉的花园式庭院设计。

卢卡斯会首先在店里买一杯饮品,然后坐在店外沿湖的小庭院里看会儿书,金毛犬则乖巧地趴在主人的脚下。绿荫流水,一人一狗,定格在宁静的时光中,看上去是那么和谐美好。

作为星巴克中国首家社区体验店,锦绣香江门店与众不同,从开业便为顾客带来了重重惊喜。它隐蔽在宁静的小区内翠绿湖边栈道旁,户外有专门的宠物休息区域,室内有可供儿童阅读和绘画的小天地,还有贴心的送餐到桌服务和定制化的饮品。这些人性化的创新举措和升级的服务体验,让小区内的居民可以带上孩子和宠物,在星巴克共享一段愉悦的时光,而这个场景体验也被称为"第三空间"。

星巴克的"第三空间"赋予全新的内涵,使其概念得到不断的延展与升华。如果说是顾客的需求促成空间和人的连接,那么不断地升级、变化就使得这种连接更加持久。

星巴克"第三空间"的设计师认为在星巴克"人、货、场"这三个元素分别代表的概念如下，见图3-9。

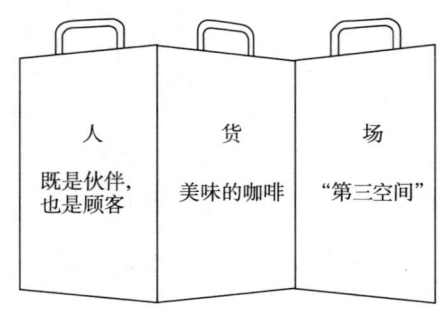

图3-9 "人、货、场"这三个元素分别代表的概念

因为咖啡，人与人在"第三空间"产生了情感的联结，为"第三空间"注入了灵魂。

在这里，人与人的情感联结丰富而多样，门店独有的美式音乐是一种联结，空气中弥漫的咖啡香是一种联结，味觉、视觉、嗅觉、听觉、触觉，所有的感官都在这里得到联结。即使是排队，来这里的顾客都是横着排队的。

这样做是因为星巴克的设计师可以让销售人员更近距离地跟顾客接触，及时了解他们的需求。

在星巴克打造的不同场景里，有两样东西是提升顾客体验的最好媒介，见图3-10。

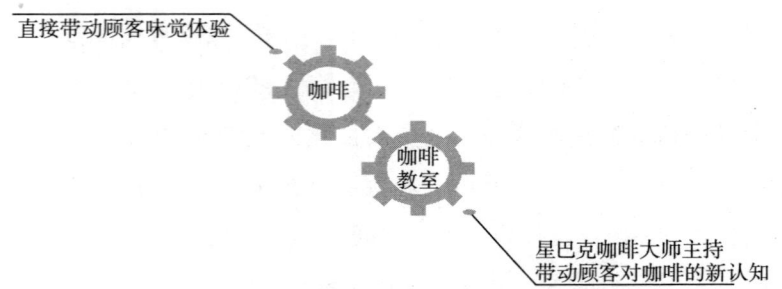

图3-10 提升顾客体验的两样媒介

通过这些场景上的体验，星巴克积累的情感得以通过每个顾客的感官继续迸发，并与顾客创造情感联结。

只有这样，顾客才能真正对体验店产生好奇，对商品产生青睐，从而顺利地购买。

静静地观察顾客是否会对商品拍照

如果你看到顾客对某个商品正在拍照,基本上可以肯定这个顾客对该商品非常感兴趣。

1. 分析顾客拍照的心理

顾客拍照往往有四种心理:

(1)对商品非常好奇,想拍下来回去好好研究。

这主要是因为很多顾客非常匆忙路过商店,偶尔看到一个有趣的商品,因为时间紧迫,所以掏出手机拍照,以便回家仔细研究,决定是否购买。在生活中,有相当一部分人有这样的心理。

(2)拍下商品便于网上寻找相关信息。

还有一些顾客对某个商品的设计或者外形非常好奇,于是拍下来,上网寻找资料,求得对商品有所了解,决定是否需要购买。

(3)拍下商品发布社交网站,进行分享。

还有很多顾客见到一些好奇好玩的商品后马上拍下来,上传到社交网站,如微博、小红书、朋友圈、抖音等平台,甚至还会直接发送给好友,寻求好友对商品的评论和意见。如果好友对商品都很感兴趣,那么顾客很可能会购买。在移动互联网的发展下,这类顾客占据了绝大多数。

(4)拍下商品当作购买参考。

有一类顾客看到一些好奇的商品,就会拍下来,当作下次购买商品的参考。甚至还有的顾客会根据拍下的商品图片去网上寻找同款,或是去定制店铺定制商品。

无论是出于哪种心理,只要顾客拿起手机拍下商品的照片,就说明顾客对商品感兴趣。因此,销售人员可以把握好时机上前向顾客巧妙推荐商品,说出商品的特色,增加顾客的购买系数。

2. 打造让顾客拍照的 9 个动线

什么是动线?概念见图 3-11。

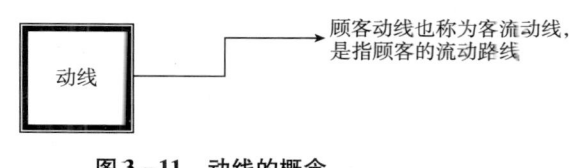

图 3-11 动线的概念

由于顾客的流动方向是被有计划地引导,因此也把动线称为"客流动线"。

动线包含两个方面:外部动线和内部动线。

外部动线主要考虑顾客从出了家门到进入卖场之前的一系列问题,主要解决客流量与进店率的问题。

内部动线主要是针对卖场布局问题的设计,以提高卖场中顾客的通过率、停留率和购买率,促进商品的销售。

对动线进行科学地设计、测量、图示和分析(主要是内部动线),可以有效地改善店铺或者卖场布局,而且对商品部门的品类管理、价格调整、超市卖场设计、理货员配置、卖场生动化设计等诸多方面都具有重要意义。

在移动互联下的新销售中,我们可以根据动线的概念在店铺中打造出多个拍照点。特别是针对顾客拍照上传到朋友圈或者微博的方式打造"九宫格"拍照动线,这样更能吸引顾客拍照,有利于顾客宣传商家,也有利于顾客参与购买。

有些店铺在动线方面的设计往往因为不合理使顾客无法拍照,例如,位于一进门的右侧,玄关处的墙壁,在这个位置拍照率会很低。因为从顾客的购买行为上来看,大部分顾客进店后会左转入座或直行上楼,玄关空间有限,能注意到右侧墙面并停留的人很少。

因此,一定要充分站在顾客角度设计拍照动线。一家店铺里最好有九个以上的"拍照动线",才是成功的布景。例如,可以在店铺大门口、大厅显著角落等设计拍照动线,还可以用一些道具发挥拍照动线的设计。只有让顾客产生愿意拍照的心情,他才会对商品产生兴趣,进而购买。

3. 给顾客提供"社交货币",设计自带传播属性的商品

首先看一下什么是社交货币。

对于社交货币(social currency),沃顿商学院的营销学教授Jonah Berger在他的著作《疯传》中是这样说的:"就像人们使用货币能买到商品或服务一样,使用社交货币能够获得家人、朋友和同事更多的好评和更积极的印象。"

简单来说,社交货币可以是一种谈资。例如,你拍了一张照片发布到朋友圈,获得了很多朋友的点赞和转发。

也就是说,凡是能"买"到别人的关注、评论、赞的事物都可以称为社交货币。

对于商品而言,商家需要了解当下顾客的分享传播心态,然后提供一种"社交货币",让潜在顾客甚至是陌生人,一看到商品就会主动拍照、发朋友圈,免费宣传。

运用什么样的思维才能够打造出这样的"社交货币",从而打造出自带传播属性的商品呢?

答案是差异化。让人感觉与众不同,让人惊讶,让顾客产生浓厚的好奇心,以致主动拍照转发。

有三个思考路径（见图 3-12）。

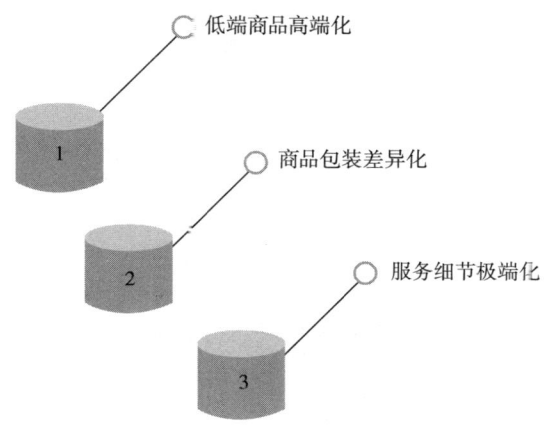

图 3-12　三个思考路径

（1）低端商品高端化

例如，很多小吃店在互联网思维下，产生了一些新的想法。如把一个普通的肉夹馍放在一个高档的纸质包装盒中，代替了过去一个普通塑料袋的包装，这样的包装就会在视觉上吸引顾客产生好奇心，进而购买并拍照。

（2）商品包装差异化

很经典的例子就是江小白。江小白的每个外包装的文案都不同，并且都具备走心、社交的性质。人们看到一些有趣的文案，就有可能顺手拍照发送朋友圈。江小白的走心文案既是外包装，也是一种"社交货币"。

（3）服务细节极端化

例如，海底捞的那种细致到头发丝的体贴服务。再如 2018 年在抖音中火爆的一个奶茶店，其厕所堪称是公主房间，等等。

这些设计都会让人产生好奇心理。新奇的东西总是能够吸引人们传播的，所以，商家要抓住顾客的这种心理打造社交货币商品，设计让顾客产生拍照的场景。

从众心理下的好奇特质是什么样的

从众心理下的顾客行为是什么样的呢?
请看下面这个场景案例:

很多女性顾客去逛街买衣服时,经常会听到导购员这样说,"这款外套是×××明星款","《×××》里面的女主角就是穿这款衣服获得成功试镜的",等等。很多顾客会因为导购的这些话而购买服装。

原因很简单,大多数顾客在够买商品时,考虑的不仅仅是自身的需要,往往还会以大多数人的行为作为自己行为的参照。

顾客往往会在内心思考:"×××穿过的衣服,一定很流行……"利用流行元素和明星元素,引导顾客停下来去观看服装的奇特之处,有助于顾客产生购买行为。

1. 从众心理下的顾客行为

在心理学上有一个"仰头"从众效应见图3-13。

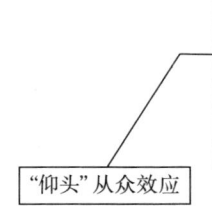

图3–13　"仰头"从众效应

该效应体现了典型的从众心理。在顾客的购买行为中，从众心理会产生很大影响。利用从众心理的引导作用，可以达到引起顾客注意和激发其购买的效果。

从众心理下，顾客往往会有好奇心，一般情况如下：

顾客在购买商品时，往往不愿意冒险尝试。凡是没经别人试用过的新商品，顾客一般都持有怀疑态度，不敢轻易选用。而对于大家认可的商品，他们则容易信任和喜欢，并产生好奇。例如，"大家都在用，是不是这个产品有不一样的地方"，"大家都在买，我也去买来看看，到底哪里不同"，等等。

所以，当顾客看到大家都在购买某种商品时，他们会表现出非常强烈的购买欲望。这就是从众心理下的好奇心在引导他们购买。在销售中，销售人员要想促成顾客购买签单，可以利用这种从众心理引导顾客。

最先利用从众心理打开市场的是日本的"尿布大王"多川博。

在多川博创业之初，公司采用新科技、新材料，生产出了质量上乘的尿布，也花了大量的精力去宣传商品的优点，希望引起市场的轰动。然而在试卖之初，效果并不理想。这款新尿布几乎无人问津，多川博的公司到了无法继续经营的地步。

多川博先生万分焦急。后来，在团队的协作下，他终于想出了一个好办法。

他让自己的多名员工扮成顾客，排成长队购买自己公司的尿布。一时间，公司店面门庭若市，几排长长的队伍引起了很多顾客的好奇,"这里在卖什么?""什么商品这么畅销,吸引这么多人?"这样,多川博就营造出了一种尿布旺销的热闹氛围,吸引了很多"从众型"的顾客。随着商品的不断销售,人们逐步认可了这种尿布,买尿布的人越来越多。后来,多川博公司生产的尿布还出口其他国家,在世界各地都开始畅销。

从这个案例可以看出,利用顾客的从众心理的确可以提高推销成功的概率。

2. 给顾客一个从众好奇购买的理由

社会心理学家阿希指出,当群体人数增加至4个的时候,缺少主见的人更容易遵从多数人的意志做出判断。

如果把这一理论巧妙地用到营销中,就能达到走量的目的。

这需要我们给顾客一个从众性购买的理由。

(1) 大家都在用

我们思考一下,为什么很多年轻人经济收入并不多,但是却热衷排队去买一部昂贵的苹果手机呢?

答案是为了追求流行和时尚。苹果手机已经成为潮流的代言,大部分原因是周围不少的人都在用。所以,我们可以汲取经验,在保证品质的前提下,在4人以上的小众人群中推广甚至免费提供试用商品,让他们去影响周围的人,一传十,十传百,通过口碑效应往往能引发从众性购买。换句话说,在小众群体中推广商品,可以影响带动周边的人从众性购买。

(2) 明星效应:××都在买

比如,销售人员在推销商品的时候,经常会对顾客说:"×××明星都购买这款商品,真的很好用……"这样的话术就巧妙地利用了顾客的从众心理,增加了推销成功的概率。

(3) 商品好,人气旺

在互联网购物,顾客会习惯性地看销量和好评指数。因为在只能看到商品图片的情况下，评判品质的数据就相对很少。当出现有多人购买和好评的时侯，就可以佐证商品的品质了。因此，把商品打造成为人气好品，可以带动顾客从众性购买。

第4章
识破顾客质疑的信号

当顾客说出"商品真的有那么好吗?",他基本上产生了质疑心理。可以说,顾客在购买过程中有质疑是正常的。如何破解这种质疑心理,就是本章要解决的问题。全面分析顾客的心理历程,搞清原因,才能有针对性地拿出解决方案,让顾客最终信任销售。

当顾客说"再想想"时,他究竟在想什么

顾客产生疑问时,会发出什么信号呢?首先第一个就是说"我再想想"。

他们在挑选产品时,总是希望有更多的选择。这一心理的存在给销售人员带来了很多困扰。如果销售人员不懂得其中的心理因素,很可能会继续给顾客介绍产品,直到顾客烦躁。就算顾客不烦躁,也总是一副可买可不买的态度,然后不冷不热地抛出一句:"我再想想吧。"

我们很清楚,这句"再想想"里面有质疑,有疑问,甚至有拒绝的成分。这时,销售人员应该怎么办?顾客的"再想想"究竟包含着什么弦外之音?顾客到底在想什么?这一切都能从心理学上找到答案。

1. 抓住他的害羞心理,主动出击

通常情况下,当顾客说"我再想想"或者"再考虑"时,一般有三种心理活动,见图4-1。

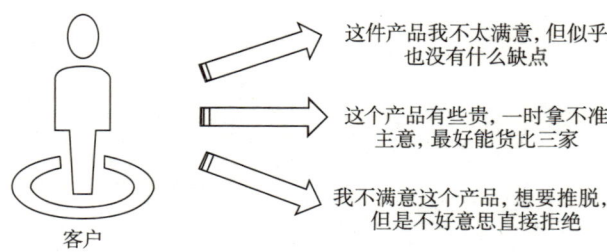

图 4-1 当顾客说"再想想"时的三种心理活动

以上这三种心理活动我们要快速洞悉，并且找到应对方案。实际上，无论应对顾客哪种心理，作为销售人员都应该主动出击，不给对方拒绝的机会。

首先针对顾客的害羞心理，作为销售人员，你可以这样主动问顾客："想考虑一下就表示你有兴趣，否则你就不会说你想考虑考虑了，是不是？"

面对这种问话，顾客很难否认。

他会配合着你的话术。这时，你还要继续读他的心理想法。他心里想的是以为这样回答可以把你"骗"住。而你需要做得很简单，就是继续"装傻"。

继续问顾客："你一定会很认真地做出决定的，是吧？"

他依然无法否定。

当他以为很快就要"逃脱"时，你需要继续问："你这么说，该不会是故意躲开我吧？"面对这个问题，有着"害羞心理"的顾客是不可能直接回答"是"的。

你再继续往下说，例如，"既然你有兴趣，又会认真考虑做出决定，而我对这方面很了解，我们可以一起考虑，你有什么问题直接问我，我马上回答你。"

到这一步，他已经被你牵着鼻子走了，你只需要主动问他考虑的第一件事是什么就好了。很多销售经验告诉我们，到这里，顾客考虑的最大的疑问十有八九是钱的问题。所以你很容易就能套出顾客的疑虑，然后针对这个疑虑提供解决方案。

2. 永远不要问顾客"考虑得怎么样了"

当顾客说"再考虑",如果你稍后问"考虑得怎么样了",你的这一次交易很可能就泡汤了。为什么?因为对方必然会回答:"没有考虑好。"

我们可以试着从心理学的角度来思考。如果顾客回答"已经考虑好了",他就会有心理压力,要么就接受你,但是接受你推荐的商品后,他不得不购买。要么他拒绝你,但一般情况下这么做都觉得"理亏",不好意思。所以,他的标准答案十有八九是"没考虑好"。这是让他处于最安全状态的答案。

惠灵顿维多利亚大学教授金伯利·韦德曾经研究过一个营销学现象:

假如在你面前摆放着三个大小不一、颜色各异的苹果,如果问你:"你觉得这三个苹果哪个更好吃?"

你可能会被问题牵着走,就"好吃"或"不好吃"这个问题展开论述,说出你的答案和猜测的理由。你很少会去讨论这三个苹果的产地来自哪里,是什么品种。

如果换一种问法:"你觉得这三个苹果分别产自哪里?"你的思维就会受到问题的影响,猜测这三个苹果是产自英国,还是西班牙或者中国,而很少去猜测这三个苹果哪个更好吃。

所以,当顾客说"再考虑"时,你要做的就是,永远不要随后询问他"考虑得怎么样了",你需要做的是想方设法去了解顾客的真实想法,解决他的真正困难。

3. 你是否真的抓住了顾客的痛点

什么是痛点?

痛点就是用户最痛的需求点。顾客会说"再想想",是因为他有了质疑。他质疑什么?质疑你的产品是不是触及了他最痛的需求点。如果没有,他自然而然会有疑问。

诺基亚的失败就是很好的案例。很多人不懂为什么诺基亚会失败,有人说是因为外形不够酷,也有人说是速度不够快,还有人说是被苹果干掉了。实际上,诺基亚失败的最重要的一个原因就是手机总是摔不坏。

在传统手机时代,耐用是最大的痛点。但是随着时代的发展、智能手机的来临,用户的痛点发生了改变。人们不再需要一款可以砸核桃的砖头手机,而是需要一部灵活、简便的智能手机。

当苹果推出便捷快速的触摸智能手机时,诺基亚手机还停留在更换铃声都需要从首页下探到五个层级才能找到。所以抓不到用户痛点的诺基亚就这样死去了。

顾客有疑问,说"再想想",是因为你的产品也许触及了他的某些需求点,但是却没有触及他的痛点。

你应该怎么应对?

(1)不能问"考虑得怎么样了"。

(2)用产品的特色征服顾客。在追求时尚与个性的今天,人们越来越注重产品的个性化。顾客在购物时,也会有这样的需求。作为销售人员,当顾客说出"再想想"时,要想留住他,就要让他感受到产品的特别之处,打消他的疑虑,勾起他的购买欲望,进而达成销售。

当顾客说"商品真的有那么好吗?"

顾客在购买过程中,产生怀疑是正常的。毕竟,从口袋里掏钱去买一件商品,他需要给自己一个充分的理由。

因此,当顾客发出疑问的信号时,我们要识破这些信号。

有些顾客会对自己中意的商品说出这样一句话:"商品真的有那么好吗?"很明显,这句话的成分中有怀疑的因素。但销售人员必须清楚,这只是顾客购买过程中的一个环节,予以巧妙化解即可。

1. 顾客购买时的情感过程分析

顾客在购买商品时,有一个清晰的情感过程,见图4-2。

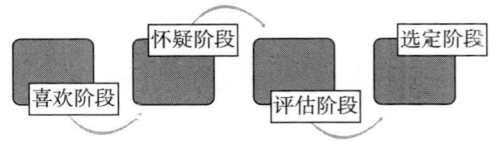

图4-2 顾客购买商品时的情感过程

(1) 喜欢阶段

在这个阶段,往往是顾客在认识基础上形成的对商品的初步印象。在这个过程中,顾客会对商品表现出满意或者不满意、喜欢或者不喜欢的态度。例如，顾客看到一个商品，特别喜欢，就会表现出惊喜。

（2）怀疑阶段

在喜欢阶段过后，顾客很快就会对商品产生一定的怀疑。这时，顾客往往不会很快下定决心购买。在这个阶段，顾客往往在内心会产生下列想法，见图4-3。

图4-3 顾客心中的怀疑

只有过了这个怀疑环节，顾客才会进入下一个环节。要想让顾客进入下一个环节，销售人员就要看穿顾客的担心和怀疑，巧妙地说服他。

（3）评估阶段

评估阶段也可以说是顾客的一个理性分析阶段。顾客对商品由喜欢到怀疑，然后由怀疑到评估，在购买欲望的推动下，对商品进行全方位的价值评估，主要包括下面几个因素，见图4-4。

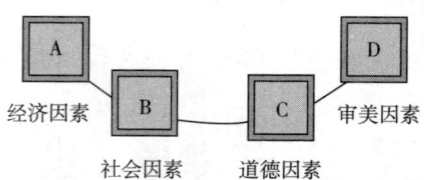

图4-4 对商品进行全方位的价值评估

经过评估后，顾客会让自己的感情与理智趋向统一，然后进入下一个购买的选定阶段。

（4）选定阶段

顾客经过了上述一系列的评估后，产生了对某商品的信任和偏好，即采取行动，形成购物行为。

从这四个阶段可以看出，顾客积极的情感可以促成购买行为，而消极方面的情感则可能中止购买行为。

因此，销售人员必须要关注顾客的购物情感过程，通过观察、分析，使顾客保持积极情绪于购物活动的始终，以此促进销售活动的顺利进行。

2. 当顾客说出"商品真的有那么好吗"时

为什么很多情况下，顾客会对销售人员半信半疑？会带着怀疑的口吻说："真的有那么好吗？"

顾客的心理动机如下：

（1）顾客不相信商品真的像销售人员说的那么高端、大气、上档次。

（2）顾客对商品很心动，但是却有些疑虑。

面对顾客的这两种心理动机，销售人员该怎么办呢？可以尝试三种话术。

"是的，我们的顾客基本上都是回头客，而且我的很多朋友也在用这款商品。如果没有效果，我也不会推荐给他们。"

"是的，您可以仔细观看我们的顾客资料，如果商品不好，不可能有那么多的顾客。"

"质量比讲道理更重要。我可以给您几个免费试用装，有效果后，您再买好吗？"

遇到这种顾客，销售人员要立即用"是的"来回应对方。这表现出了自信和真诚。顾客看到销售人员的自信、真诚，疑虑才会慢慢打消。

对顾客的怀疑心理进行分解

顾客为什么有怀疑心理呢？常见原因有以下几点：

第一，对商品很喜欢，以至于思考过多；

第二，不相信商品的品质；

第三，对销售人员产生怀疑。

整体上来说，这是一种瞻前顾后的购物心理动机，其核心是害怕"吃亏上当"。这类顾客在购买的过程中，对商品的质量、性能、功效持怀疑态度，害怕上当受骗。因此，他们反复向销售人员询问，仔细地检查商品，并非常关心售后服务，直到心中的疑虑解除后，才肯掏钱购买。

在这个过程中，一旦有一个小细节销售人员处理不当，很可能就会被顾客放大，最终导致放弃购买。所以，销售人员要透彻分析顾客的心理。

下面我们来分析一下顾客的这三种怀疑心理。

1. 当顾客很喜欢商品但却持怀疑心理时

为什么顾客明明对商品动心，却还要怀疑这件商品呢？实际上，我们都有很多这样的心理。比如，你看到前面很多人在排队购买一种新帽子，看到有人戴着新帽子从人群走出来，你觉得帽子非常好看，也想购买。

于是，你也去排队等候购买。当你排了一段时间的队后，内心不自觉地产生疑虑:"我为什么要在这里排队?这个帽子真的有那么好吗?这不会是商家的阴谋吧?"

此时,你开始说服自己这个帽子其实也没什么特别之处,你甚至看到戴着帽子的人并不好看,找到了很多这个帽子的缺点。你开始走出人群,不再排队购买。

这就是一个怀疑心理的过程。当然,在这种情况下,我们没办法说服顾客购买。但是如果销售人员和顾客面对面,发现顾客有这种心理时,需要怎么做呢?

首先,把商品的优质特色讲给顾客听,用优质特色改变顾客对商品的怀疑态度。

其次,让顾客试穿、试用,让他充分相信这件商品很适合他。

这么做可以让顾客的怀疑心理变淡,而且在这种特色推销的氛围下,顾客很容易被说服购买。

2. 当顾客不相信商品的品质,产生怀疑心理时

还有一种情况,顾客之所以会有怀疑心理是因为对商品的品质产生了怀疑。顾客只是看到价格便宜,或者看到一款新商品上市面购买的人较少,就可能产生怀疑心理,认为商品在质量上有问题。针对这种心理,销售人员该怎么做?

看下面这个销售人员的做法:

> 一个销售人员给顾客介绍一款新的防晒霜。对方带着怀疑的态度问她:"这款防晒霜真的那么有效吗?"销售人员看出顾客的怀疑心理后,说:"这样吧,我这里有小瓶试用装,你先拿回去试试。这几天太阳很晒,你正好可以体验一下。如果觉得效果好,再来买。"
>
> 一段时间以后,顾客真的主动找到了这家店,并且找到该销售人员购买了很多该品牌的化妆品。顾客临走前还告诉销售人员

她会介绍好朋友也来购买。

销售人员运用"试用促成"的方法获得了一位疑心很重的顾客的信任。当然,要想巧妙地运用这种方式还需要掌握一些技巧。

(1)成本控制:虽然是试用装,但是却需要成本。因此,销售人员在把原装产品送给顾客使用时,要考虑成本控制。

(2)顾客筛选:不是所有有怀疑心的顾客都需要赠送试用装。这需要销售人员对顾客进行筛选,对疑心较重的顾客比较适合采取这种方法。

(3)正确指导顾客使用:销售人员在采用这种方法时,还要加以正确科学的引导和提醒,只有这样,才能让顾客真正感受到商品的功效和好处,从而打消他的怀疑。

3. 当顾客对销售人员产生怀疑心理时

很多顾客为什么会对销售人员产生怀疑呢?因为有些销售人员确实在一些细节上表现出了让人怀疑的因素。

面对一个不熟悉的品牌,尤其是价格很高昂的商品,顾客常常会与销售人员进行交谈,以把握商品的可买因素,从而决定购买与否。销售人员只有真正赢得顾客的信任,才能促成顾客购买。然而,很多销售人员因为自身的问题而让顾客产生了怀疑,这包括下列几个方面:

(1)专业障碍:缺乏对商品的专业知识了解

商品知识是销售的根基。在与顾客交谈过程中,如果顾客提出一些专业问题,销售人员不能给出满意、可信的答复,甚至一问三不知,那么这无疑是拿冷水浇灭顾客的购买热情。这种情况下,顾客肯定会产生怀疑。

解决方案:销售人员要接受专业的培训,加强自我学习,不懂就要问。在学习过程中把握销售关键环节,千万不能对顾客说"不知道"。

(2)销售技巧障碍:对销售流程不熟悉

这种销售技巧障碍包括以下几个方面,见图4-5。

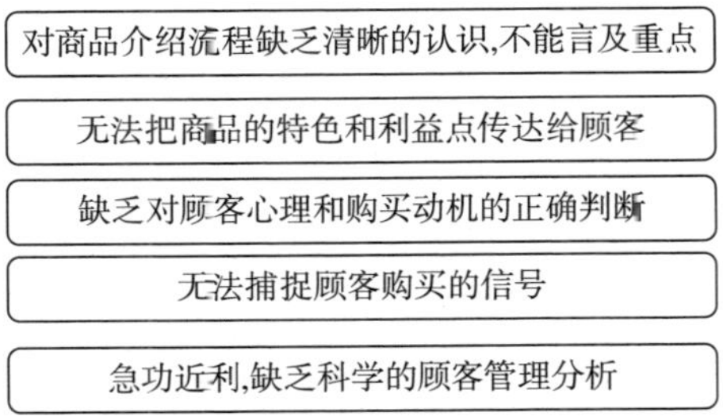

```
┌─────────────────────────────────────────┐
│ 对商品介绍流程缺乏清晰的认识,不能言及重点 │
└─────────────────────────────────────────┘
┌─────────────────────────────────────────┐
│ 无法把商品的特色和利益点传达给顾客       │
└─────────────────────────────────────────┘
┌─────────────────────────────────────────┐
│ 缺乏对顾客心理和购买动机的正确判断       │
└─────────────────────────────────────────┘
┌─────────────────────────────────────────┐
│ 无法捕捉顾客购买的信号                   │
└─────────────────────────────────────────┘
┌─────────────────────────────────────────┐
│ 急功近利,缺乏科学的顾客管理分析          │
└─────────────────────────────────────────┘
```

图 4-5　销售技巧障碍包括的几个方面

一旦销售人员有了这些表现，顾客很难信任销售人员，会产生怀疑，进而打消购买念想。

解决方案：

第一，销售人员要充分地了解顾客的需求，寻找商品可以给顾客的利益点；

第二，多向有经验的销售人员请教；

第三，多研习一些关于顾客心理学的知识，并且学习相关的方法；

第四，学会时间管理，进行顾客管理分析，把更多时间分配给更有成交可能的顾客。

(3) 销售行为障碍：自身携带一些不良销售行为习惯

销售人员自身的一些不良习惯也是让顾客产生怀疑的重要原因之一。一些销售人员习惯用生硬的态度与顾客交谈，让顾客觉得不被尊重。还有一些销售人员经常板着脸，凭自己的直觉判断顾客，言行不当。这些都会导致顾客怀疑和戒备。

解决方案：

销售人员要秉持积极的态度，尊重顾客，做好顾客分析和顾客记录，发现并且总结和改变自己的不良习惯。

找到顾客质疑的焦点就好办了

有时候销售人员向顾客推荐商品,说得天花乱坠,可是顾客总会找一些质疑点来反馈。这时候,顾客的购买往往取决于销售人员的态度和方式。

当顾客质疑品牌或者商品时,销售人员应该如何应对呢?

答案就是找到顾客质疑的焦点,然后分析这个焦点,拿出可行方案。下面我们针对几种常见的质疑点进行分析。

1. "我没有听说过你们这个牌子"

当顾客说出"我没有听说过你们这个牌子"时,销售人员应该怎么办呢?

先看一下那些错误的回应:

错误一:"我们的门店是全国连锁,很多城市都有。"

分析:为什么这个回答是错误的?因为这句话外强中干,销售人员说这句话时自己也未必有充足的根据。

错误二:"我们是新品牌,您不知道是可以理解的。"

分析:这种说法是在承认品牌影响力不大,没什么知名度,这样会让顾客更加质疑,不敢信任商品。

错误三:"不可能,我们的商品在电视上、网络上都做了广告的。"

分析:销售人员这样说等于在说顾客不关注媒体,不关注电视广告,况且在顾客心里,做过广告的商品不见得就是好商品。

错误回应透析:

当销售人员遇到这种情况时,切记不要去和顾客争论是不是品牌,而要承认品牌宣传力度确实不够,导致顾客不熟悉。这样,在认同顾客的基础上,再向其介绍商品。

正确应对方案:

(1) 语言谦虚

①不要与顾客一味地争辩,说话的态度要谦虚,要能放下架子,真诚地跟顾客沟通。这样可以获得顾客的认同和好感,之后再转入推荐商品阶段。

②用谦虚的语言主动承认自己的工作没做好,以获得顾客的谅解,然后话锋一转,向顾客介绍商品情况,用略带兴奋的语言鼓励顾客了解推荐的商品,从而引导顾客实现购买。

③话术呈现:"这样啊,这是我们的宣传工作没有做到位,真的很抱歉。不过没关系,今天刚好您可以先了解一下我们的商品。来,我帮您简单介绍一下这款……"

这种方法的主要核心是找到顾客对品牌不信任的疑虑焦点,然后进行分析,给顾客带去信任感和对商品的认知。这需要销售人员主动给顾客找台阶,不再纠缠于对方为什么不认识这个品牌,然后自然过入商品推介过程。

(2) 主动引导顾客体验

①销售人员首先要放下架子,获得顾客的认同;然后主动引导顾客了解产品的特点,最后让顾客直接去体验产品。

②在认同顾客观点的基础上,主动表明顾客不知道这个品牌不是顾客的错,进而给出合适的原因,说明品牌有影响力。之后,再向顾客介绍商品特点,把顾客带入推介环节。

③话术:"真不好意思,这是我们的宣传工作没做好。幸亏今天有机会向您介绍一下我们的商品。我们这个品牌已经卖了三年了,主要特色是……"

总之,找到顾客焦虑的疑点,然后分析对方的想法,抓住对方需求点,用巧妙的话术打消他的疑虑。

2. 柔性引导,从侧面提供解决方案,直击疑团

当顾客提出质问时,销售人员不能立刻从正面反驳顾客的挑衅,而是要采取柔性引导,从侧面提供解决方案(见图4-6)。

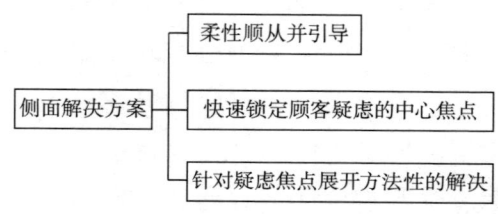

图4-6 侧面解决方案

看下面这个场景:

顾客说:"我很怀疑你们的售后服务。"

销售人员问道:"先生,请问您购买过我们的商品吗?"

顾客回答:"我没有购买过,但是我有一个同事三年前购买过你们的商品,出现问题后找不到维修的地方,后来只能寄回厂家维修,真麻烦。"

销售人员说:"先生,很抱歉给您同事带来了不便!(柔性顺从)我们前几年的服务确实还不怎么到位,尤其是服务网点不够健全,给我们的顾客造成了一些不方便。这几年针对这些情况,公司做出了很大的努力与改善。您看这是商品服务网点介绍(拿出服务网点介绍,打消顾客疑虑),现在的网点数量比起三年前已经多出两倍以上,同时为了保证服务质量,我们在很多地级市

设置了技术服务中心,增加了大量的特约维修点。对于这款商品,您可以享受终身免费清洗和免费上门维修的贴身服务。保证您买得放心。"

顾客仔细看过售后网点资料后,对商品非常放心,态度也变得十分友好。

顾客:"嗯,这样,我就放心了。我想购买一台……"

在这个场景中,销售人员很容易就搞懂了顾客的怀疑点,即售后服务。于是,销售人员在售后服务上进行了详细解答,包括维修点数量多、分布广、服务态度好、维修技术过硬,等等,这都给顾客带去了满意的答复,也打消了疑虑。

你解释得越多，顾客的质疑也越多

在心理学上有一个"权威质疑"理论，指的是很多人只要和权威相处，就疑虑重重，总觉得权威不靠谱，具体哪里不靠谱，未必说得出来，就是隐约存有质疑和不信任。这就是权威质疑，其根本就是指向权威的内生性怀疑。

权威质疑既是天赋，也是障碍。如果方向正确，它会促成伽利略式的成果；如果方向不对，它会导致猪八戒式的状态。为什么这样说？

因为伽利略是怀疑权威的，他大学专业是医学，但他学医学不下去，每次上课，他总是偷偷看数学书，或者是逃课去做物理实验。

因为怀疑权威，伽利略眼里的权威观点，都没有权威性，只有"未经论证"的不严谨。伽利略用简单的实验，推翻了很多流传千年的权威观点。例如，他爬上比萨斜塔，丢了两个球下来，把亚里士多德的"重物下落更快"的观点推翻了。

伽利略的一生，都在挑战权威，他先是挑战亚里士多德，接着挑战托勒密，再挑战哥白尼。通过挑战权威，他开创了近代科学。

相反，猪八戒就不太幸运。他也是怀疑权威的。猪八戒的工作是保护师父上西天取经，可他却怀疑权威，总觉得西天取经的决策很荒谬、很无聊，做这个工作，既没有意义，也没有乐趣。猪八戒不思进取，深层原因就是他的权威质疑。

在顾客购买的行为中，也会有质疑权威的时刻。例如，当销售人员拿出商品的各种证书、获奖荣誉、介绍代言人等时，顾客反而更加质疑："他是不是在处心积虑地骗我？"

销售人员应该如何应对这类顾客呢？

1. 做同类商品中第一位进入顾客心智的品牌

为什么要进入顾客的心智？因为只有走入顾客的心智，你的商品才不会被怀疑。

先来问你几个问题：

（1）第一位单独驾驶飞机横越大西洋的人是谁？

是查尔斯·林德伯格。

那么第二位呢？

不知道。

（2）第一位在月球漫步的人是谁？

阿姆斯特朗。

第二位呢？

不知道。

（3）世界上第一高峰的名字是什么？

珠穆朗玛峰。

第二高峰呢？

不知道。

…………

很显然，第一个走入你心智的名称很难从记忆里抹掉。在商业活动中也是如此，如下面几个品牌：

计算机行业的 IBM，复印机的施乐，智能手机的苹果，可乐中的可口可乐，电气业的通用电气，等等，都是如此。这些品牌的共通点就是它们都是同类产品中第一个进入顾客心智的品牌。成为第一，胜过做得更好，这是最好的销售方法。

要想在顾客的心中留下不可磨灭的信息，首先需要的不是信息，而是心智，一个空白且纯洁的心智。

动物学家用"印刻现象"形容这种情景。新生动物第一次看到母亲时，仅需要数秒时间，这个小动物就能永远地把母亲的形象印刻在脑海中。当然，这并不完全绝对。一旦在这个印刻过程中受到其他干扰，例如，出现了一只狗，或者一只猫，甚至一个人的干扰，那么这个小动物就会认为这些代替品是自己的母亲。

在商品销售的前期，也就是品牌研发时，最好能在你的领域里拿出最好的产品，成为第一则更好。例如，销售人员可以这样对顾客说："我们是全国第一家以环保为理念的×××品牌……"这样的介绍会比介绍几个证书、荣誉好很多。

2. 突出商品对顾客的利益点比亮出权威更有效

销售人员必须清楚，顾客关心的不是你的商品获得了多少个证书，也不是有多少权威证明，而是这个商品对他本身有没有利益点。这才是顾客最根本的购买动力。

因此，销售人员务必搞清楚顾客的这种质疑权威的心理，然后抓住顾客购买该商品的需求点，将该商品给顾客带去的利益放大。一旦商品触及顾客的心智需求，他就会购买。

请看下面两个销售人员的对比：

A："我们的品牌在 2017 年获得全国十佳顾客最佳品牌，今年与美国、法国签署了合作协议，进军海外，可以说在品质方面非常值得信赖……"

B："这款商品非常适合您这种经常出差的人，可以缓解疲劳，而且有利于睡眠……"

面对两个销售人员的话术，如果你是顾客，会选择哪一个呢？答案显而易见。

身处"担心区"的顾客在担忧些什么

为什么顾客会担心那么多?一会儿问这个商品会不会变形,一会儿问商品能不能保修等。实际上,每个顾客在掏钱购买时,或多或少都会产生担忧。作为商家,要清楚身处"担心区"的顾客到底在担忧什么。

1. 明确顾客质疑的核心内容

到底顾客在担忧什么?

很多顾客在购买行为中会表现得犹豫不决,非常谨慎,这是其质疑心理导致的。这种顾客往往比较敏感。从气质心理学的角度分析,这类顾客一般不善于交际,对新环境或者新事物缺乏适应性,情绪上也不够稳定。遇到事情时,敏感多疑,特别是花钱购物时,更是小心谨慎。他们很少受到外界因素影响,态度持重,甚至不愿意与销售人员交谈。

著名营销学家杰克·特劳特(《定位》作者之一)指出:"犹豫不决的顾客内心一定多疑,多疑的点离不开三方面,即商品、销售人员和自己。"

因此,我们必须清楚顾客多疑的三个点:

(1)商品

顾客在购买时,从行为学上来说,是一个掏钱的过程。原本手中的钞票，给了卖家，换来一件商品。如果这件商品很不起眼，顾客内心就会有一些犹豫和多疑。如图4-7这些对商品的疑虑。

图4-7 对商品疑虑的表现

面对脑海中蹦出的这些问题，顾客往往会暂缓"掏钱"动作，购买行为很可能会中止。当然，这也并不绝对，因为这个过程中也是顾客思想斗争的过程。如果顾客很需要这件商品或者很喜欢这件商品，那么有可能大脑中的购买欲望会战胜疑虑。如果购买欲望没有那么强烈，这时候销售人员的作用就更加突出了。好的销售人员在赢取顾客信任的基础上送上一点"催化剂"，很可能就会促成购买。

（2）销售人员

顾客对销售人员的疑虑主要体现在"怕上当"。很多销售人员为了业绩，将商品宣传得好得不得了。因此，顾客害怕上当。

此外，销售人员的不专业以及素养不高也会增加顾客的不信任。

（3）顾客自己

为什么顾客会对自己产生怀疑呢？举个很简单的例子，一个女顾客去一家服装店购物，看中了一款大衣。这款大衣质地优良、非常高档，但是价格不菲。销售人员对顾客说："这是今年的新款，您可以试穿一下。"

顾客的确很喜欢这款大衣，但却产生排斥心理，认为自己无法驾驭这种高档的大衣，甚至觉得自己的气质与大衣不相匹配。于是对自身产生了怀疑，进而造成了购买行为的犹豫。

2. 对待顾客的多疑，销售人员的做法

（1）尽量让顾客多说话

在不了解顾客的真正需求之前，尽量让顾客多说话，销售人员只需要做一个聆听者。在顾客的阐述中了解其真正需求，多问一些问题，加深对顾客的了解，才能根据顾客疑虑寻求突破点，打破他的疑虑。

（2）同意顾客的感受

当顾客阐述完自己的疑虑后，销售人员不要急着解释，而要站在顾客角度了解他的感受，以感受的方式回应："通过您的想法，我感觉到您是一个……"这样可以降低顾客的戒备心理，让他感到你是和他站在一起的。

（3）提炼关键问题

在与顾客沟通中，了解顾客质疑的关键点是什么，将关键问题再复述一遍给顾客，详细了解顾客的需求，让对方在关键问题上阐述具体原因。

（4）重复回答顾客的疑问

向顾客重复质疑问题，了解并且强调顾客和自己相互认同的部分，这是最终成交的捷径。这样可以帮助销售人员了解顾客是否知道商品的益处，让他更加了解商品，了解之后才能产生更强的信任。

（5）让顾客了解其质疑背后的动机

当我们了解了顾客疑虑点和真正需求时，将其阐述给顾客，让顾客更加了解自己的同时也更加了解我们，以此拉近彼此之间的关系。

因此，面对顾客质疑，销售人员应该了解其背后的动机。乔·吉拉德曾说："有质疑才有成交机会。"因为这是一个沟通过程，也是一个达成信任的契机。掌握上述几点，就能帮助销售人员打破顾客疑虑，实现快速成交。

第5章
搜索顾客购买欲望的信号

　　精准抓住顾客购买欲望产生的行为信号,销售就成功了一半。例如,顾客在某件商品面前停留的时间明显长于其他商品,说明他已产生购买欲望;当顾客与你讨论性价比时,他不仅有强烈的购买欲望,甚至会产生担心失去商品的心理。

停留的时间越长,说明顾客购买的欲望越强

在购物行为中,顾客通常会有这样的行为:在一件商品前长时间停留。实际上,这是一个购买的信号,说明顾客对商品有浓厚兴趣,并且已经产生了购买欲望。

从心理学上来说,这是一种对商品的上瘾心理。

我们可以把想要购买的商品当成我们在生活中喜欢且离不开的东西,如智能手机。美国一家统计机构在2018年统计,80%的智能手机用户会在早晨起床后的15分钟内翻看手机。而美国加利福尼亚的一所大学的一项研究表明,人们每天平均观看手机超过100次以上。

不得不承认,我们已经上瘾了。

根据认知心理学的界定,这也是一种人们的行为习惯。行为习惯是一种在情境暗示下产生的无意识行为,是我们不假思索就做出的行为(见图5-1)。智能手机的服务正在改变人们的一举一动。而这也正是商品设计者的初衷。换句话说,我们的行为已经在不知不觉中被设计了。

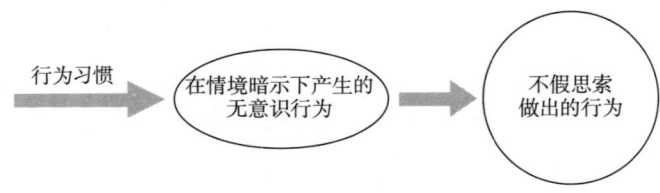

图 5-1　行为习惯

商家要把握顾客的这种心理，让顾客养成习惯，对商品产生依赖。很多商家使出浑身解数以争取顾客心中的一席之地。越来越多的商家已经清晰地认识到，仅仅是凭借夺取顾客群已经不足以构成竞争优势。顾客对商品的依赖性强弱才是决定其经济价值的关键。因此，要想让顾客形成对某件商品的依赖，商家就要了解顾客为什么选择它。

1. 判断顾客是因为商品还是装潢停留时间长

很多顾客之所以会在店铺内停留时间长，不是因为对某个商品，而是因为对店铺的装潢产生了兴趣。这样的顾客就不容易产生购买行为。那么如何判断两者呢？

（1）顾客是否在店内频繁自拍

经常逛宜家家居或者无印良品的人都知道一件事，那就是很多年轻人把这些场所当成拍照、拍视频的场景。以宜家家居为例，很多年轻人来宜家家居不是购物，而是为了拍视频，或者录直播。为什么？因为宜家家居的场景装修和氛围非常时尚，有文艺气息。此外，宜家家居的一些样板间也非常适合年轻人拍视频。

还有一些装修比较有"文艺风"的书店也是如此。年轻人进入书店后，只是随便翻翻书，然后就开始自拍或者让同伴拍视频。他们的目的是发送照片到社交网站，赢得网友好评。

相反，真正有购物需求的人，会因为某件商品而停留，甚至对商品反复拍照。或者在商品前徘徊，试穿或者试用，等等。这样的顾客才是真正有购买欲望的。

(2) 顾客谈话时围绕商品还是围绕其他

销售人员很容易通过顾客的谈话而捕捉到其购物需求。通常情况下顾客都是有同伴陪同，所以他们的谈话也关系到其是否有购物需求。

例如，有的顾客在与同伴谈话时，会频繁提起店铺的整体风格，那么这个顾客最多是感觉店铺装潢比较有意思。如果顾客与同伴谈话时，频繁围绕某个商品展开，那么这个顾客很可能有购买需求。

2. 一定有什么特别的东西吸引了顾客

顾客在某件商品前停留时间越长，表明他越有购买需求。我们可以研究一下这其中的奥秘。

商品一定有什么地方吸引了顾客，否则他不会停留那么长时间。

商家要研究一些成功和失败的案例，关注顾客购物时的情感。例如，日本夏普电器在做调研时，发现顾客购买了夏普电视后会向邻居炫耀，而这就构成了顾客的另外一种购买动机。

实际上，在没有建立起与顾客的共识之前，绝对不能空谈情感。为了让顾客需求引领设计过程，商家要清楚地知道什么是有用的。

美国工业设计师协会前执行理事、摩托罗拉和黑莓的高级设计师弗兰克·泰尼斯基认为，自己的成功得益于从业之初在美国费雪（美国非常著名的玩具品牌）做玩具设计师时的经历。

当时，创造一个新玩具的提议，通常只有一张纸。大家围绕着这张纸展开讨论，提出各自的想法。

后来在设计新手机时，弗兰克认为新手机的技术建议书变得很厚，这也说明技术越高端就越复杂，顾客体验也就越重要。在这种情况下，条件应当放得比以前宽，这样才能有更多空间推行新的解决问题的方法。尽管如此，围绕顾客体验制造出来的商品还是最有意义的。而新时代的顾客很可能就是为商品的体验所吸引，从而为之长时间停留。

吸引顾客停留时间长的因素主要包括下列几个方面：设计、定价、体验、个性化、服务、实用和需求（见图5-2）。

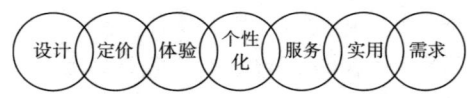

图5-2 吸引顾客停留时间长的因素

商家在设计和体验等其他方面完成后,接下来就是销售人员的营销方式。销售人员需要把握上述几个点,然后观察顾客停留时间长的原因,找到原因,进行有针对性地销售,定能事半功倍。

名牌效应是顾客心中最有分量的购买信号

有这样一个故事非常有意思:

一个服装店老板发现店里的一件衣服半年多都没有卖出去。于是,他想了一个有趣的招儿:反正卖不出去,干脆标出个高价来当摆设。就这样,原本卖200元的衣服标上了1000元的价格。第二天,这件衣服就卖出去了。

这是一个非常有趣的现象。经济学上称之为凡勃伦效应,通俗来说就是名牌效应,具体含义如图5-3所示:

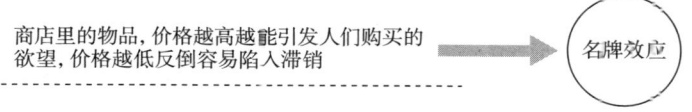

图5-3 名牌效应

心理学家为了验证凡勃伦效应的真实性,做了一个实验:

邀请30名企业家、30名中产阶级以及30名经济条件一般的志愿者。心理学家将两件相同的衣服分别放在街边小摊贩和商店的专柜里销售。同样的衣服，在街边小摊贩那里标价50美元，而在商店专柜却标价3000美元。

心理学家分别邀请这些志愿者先到街边小摊贩叫卖点看衣服，让他们触摸衣服的质地并试穿，再请他们到商店专柜里看衣服，然后请他们做出购买判断。

在不知情的情况下，结果一共有30名企业家、19名中产阶级、12名经济一般的志愿者表示，在经济允许的条件下会购买商店专柜的衣服，仅有两名中产阶级和7名经济条件一般的志愿者表示会考虑在街边小摊贩那里购买那件衣服。

其他人则表示无法承担商店专柜的价格，但也不购买街边的那件衣服。

在这个实验中，85%的人认为街边摊贩叫卖的衣服肯定是仿制品，12%的人对此不确定，剩下3%的人认为两件衣服是一样的。

同时在实验中，有30名企业家表示一定要购买商店专柜的衣服，他们认为购买街边摊贩的衣服会被业内同行嘲笑。30名中产阶级则表示商店专柜的衣服有质量保证，如果经济允许一定会购买，并表示绝对不会购买街边的衣服。真正令人意外的是剩下的30名经济一般的志愿者中有25人也表示如果经济宽裕，一定会购买那件标价3000美元的衣服。要知道，对于这30名普通志愿者来说，3000美元是他们半年乃至一年的收入。

从这个实验中我们可以看出，任何经济阶层的顾客都受到凡勃伦效应的影响。

当顾客看到同样的商品时，受凡勃伦效应影响，往往认为价格贵的质量更有保障，更愿意掏钱购买。

1. 为什么顾客会愿意购买高价且名牌的商品

顾客对名牌专柜里商品的偏好是因为人们存在着一种普遍的认知,见图5-4。

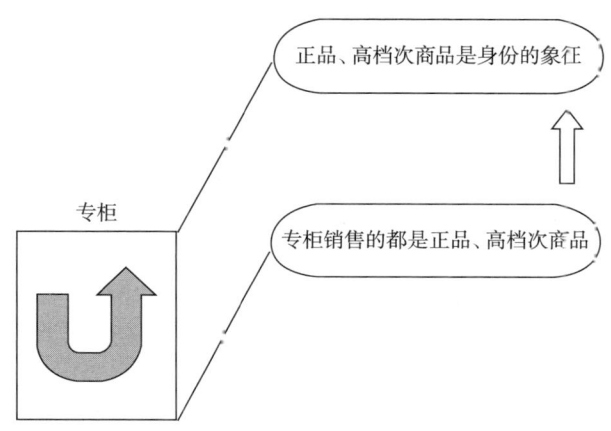

图5-4 顾客对名牌专柜商品的偏好存在的一种认知

世界著名奢侈品牌香奈儿集团曾在北京、上海、深圳等地的部分高端企业进行过一项问卷调查:正品和仿冒品的购买欲求比例。

结果发现,70%的女性表示即使经济不允许,也决不购买仿冒品,仅有10%的女性表示可以考虑购买仿冒品,剩下20%的女性表示要看仿冒品的真伪程度再决定是否购买。

但是这些参与调查的女性都有一个共性:认为购买专柜里的正品是一种身份的象征。

为什么顾客会愿意选择高价的名牌商品呢?

(1)当顾客购买某个奢华品牌的物品时,心理上会产生一种"成功"的荣耀感,并以持有该奢华物品为外在身份的象征。

(2)人们潜意识里认为高价的、昂贵的、稀少的、不易获得的物品才是好的物品。相反,廉价的、普遍的、容易获得的物品都是质量平常的物品。

这就好比,价值10万元的汽车和价值100万元的汽车,在性能上的区别远远小于 10 万元和 100 万元在金钱数额上的区别。可是只要有经济条件，人们还是愿意购买 100 万元的汽车。这是因为当顾客无法将金钱从外在体现出来时，就特别需要这种虚拟性的、象征性的东西来展示自己的成功。这也是凡勃伦效应的根源，也是人们逃脱不了名牌情结的根本原因。

2. 打造品牌效应，给顾客带去购买快感

名牌效应不是每个顾客都能追求的，但是品牌效应却可以给大众顾客带去心理上的快感。

我们要先搞清楚引发品牌效应的三个因素（见图 5-5）：

图 5-5 引发品牌效应的三个因素

（1）质量保证

质量保证是品牌的立足之本。顾客之所以会对某商品产生购买欲望，很关键的一点就是看中商品的品质口碑。例如，一台格力空调可以用 10 年，但是一台普通品牌的空调，可能五年就会坏掉。那么顾客自然对格力更加青睐。

（2）知名度

知名度可强化顾客对品牌的记忆，培养对品牌的好感，进而激发购买欲并产生购买行为。如果你口渴想喝可乐，首先就会想到可口可乐，因为它是一个知名度非常高的可乐品牌。

（3）时尚效应

对时尚效应的理解，可以体现在新颖、便利、优质服务和环保意识等

各方面。

品牌效应主要在三个方面有所表现,见图 5-6。

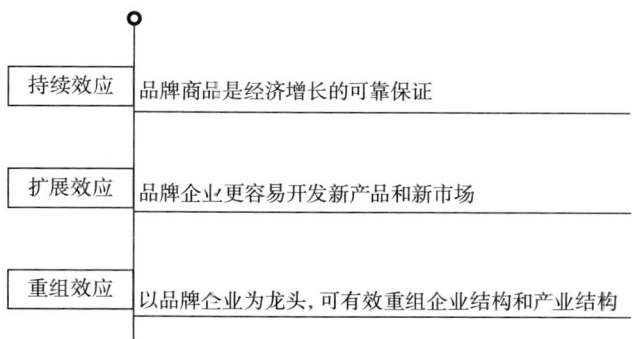

图 5-6 品牌效应的三个表现

做好品牌效应,你的商品自然就能给顾客带去刺激和快感,让其心甘情愿地掏钱购买。这是营销中不可或缺的一个环节。

担心失去而购买的心理斗争

有些顾客之所以会购买商品,是因为其在心理上做了一番斗争,如看到商家的"限量营销",担心失去,进而决定购买。很多商家会借助"欲购从速""最后三天"进行紧急销售,给顾客带去心理上的紧迫感,激发购买欲求。

1. 稀缺效应,导致顾客心理产生购买欲求

俗话说:"物以稀为贵。"如果想让顾客快速下单,就可以直接告诉顾客,这个商品数量不多。潜台词就是:"想买就快点,晚了就买不到了。"这样,使得顾客产生紧张感,很容易做出购买决定。

来看两个场景案例:

A:

顾客说:"最近新款手机挺多的,我再看看吧。"

销售人员回答:"好的,您再看看吧。"

顾客说:"谢谢。"

销售人员回答:"如果有什么问题,给我打电话。"

在这个场景中，不可否认的是，像这样的回答很友好，但是非常不妥。看起来销售人员态度很好，结果是任由顾客离开。要想让顾客留下并且购买，就要试试稀缺营销。如下面 B 场景。

B：

> 顾客说："我还是想买一部白色的手机，黑色的有些暗。"
> 销售人员解释道："这是亮黑，低调耐看而且不俗。"
> 顾客说："我再看看吧。"
> 销售人员回答："你可以考虑一下，但我们这里同款手机，亮黑色的便宜 200 元，而且现货只剩下两部了，如果不早点购买，很可能等你想买的时候就没有了。"
> 顾客："就剩下两部了？"
> 销售人员："是的。"
> 顾客："麻烦你拿真机我看一下……"

很明显，在 B 案例中，销售人员就很好地利用了稀缺效应。心理学家研究发现，人们对稀缺的东西有着本能上的占有心理。所以，销售人员要充分了解顾客的这种心理特征，进行巧妙营销，如"名额有限""最后一天""欲购从速"等表达商品紧俏的信息，以引导顾客即刻购买。

看一下什么是心理学上的稀缺效应。心理学家曾用曲奇饼干做过这样一个实验：

> 首先将实验对象分成两组，给每组都发送一个盒子，盒子里装有相同味道的曲奇饼干。不同的是，第一组的盒子里放了 10 块饼干，而第二组的盒子里放了两块饼干。
> 心理学家让两组人各自品尝盒子里的饼干，并对饼干给予评价。结果第二组的人认为饼干好吃的比例远远大于第一组。

这个实验告诉我们，人们对于受到限制的、不能轻易获得的东西，往往有一种特别的心理，即觉得它好，想得到。这也就是我们通常说的"吃不着葡萄说葡萄酸"的心理。在销售中，对一种商品在价格或者数量方面限制，往往能勾起人们的购买欲。这便是稀缺效应。

稀缺效应反映了人们的一种匮乏心理，这种心理既可以提升商品在顾客心中的地位，又能保证让顾客接受它的高价。

当然了，并非任何一种商品都可以利用这种稀缺效应，必须具备几个要求，见图5-7。

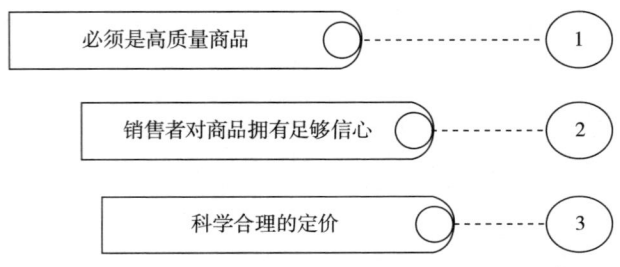

图5-7 利用稀缺效应具备的三个条件

2. 对限量版的执着

很多大品牌往往会推出限量版商品，如星巴克。

自从1997年的冬天开始，每逢圣诞节，星巴克都会推出限量节日纸杯。这个玩法已经延续了20多年，甚至成为一个商业世界的传统。每次，星巴克都会提前在Twitter上发布圣诞限量杯的消息。人们在社交网站看到此消息后，很快便去店内排队购买。

人们即便已经知道端在手里的红杯子不过是一个年复一年的营销套路，但依旧乐此不疲地将它捧在手心，并将其发布到社交网站上。由此，星巴克的限量节日纸杯销量相当高。

人们为什么热衷拥有星巴克的限量节日纸杯？最为直接的答案就是借此可以体验一种仪式感。

把普通的星巴克纸杯换成圣诞款，也许是在圣诞节来临前呈现仪式感最直接的一种方式。即使是在亚洲那些并没有浓厚的圣诞文化传统的国家，年轻人也依然会热衷新鲜事物，乐于掏钱买单。

现代人的仪式感受到品牌营销的影响，商家形成了一个限量营销的套路，见图5-8。

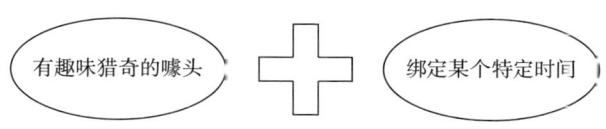

图5-8　限量营销的套路公式

这样似乎比常规商品更容易让顾客买账。例如，冬季限量版圣诞纸杯，夏季限量版世界杯主题啤酒，等等。

从心理学的角度讲，顾客之所以热衷购买限量版，是因为有限的商品数量带来了一种特殊荣耀的体验，拥有这样的商品能够给予顾客强烈的满足感。

随着社交网络的发展，衍生出了"错失恐惧症"（Fear of Missing Out，简称FoMO）的概念（见图5-9）。

图5-9　"错失恐惧症"概念

这种焦虑感就是人们对限量版执着的原因之一，并且它正困扰着当下的年轻顾客群体，于是一些人开始走入"从众心理"的行列，成为追逐限量版队伍中的一员。

由喜欢到占为己有的心理变化

顾客购买一件物品，可分为很多种情况。例如，对商品一见钟情，快速购买；听朋友介绍，直奔物品，迅速结账；百里挑一，再三对比，下定决心购买；开始感兴趣，慢慢观察，演变为想要占有，进而购买，等等。下面我们主要说一下最后一种，由喜欢到占有的心理变化。

1. 从喜欢阶段到占有的信号释放

顾客对物品的购买，在一开始是产生兴趣，对其关注，慢慢进行观察，然后产生了购买欲望。下面我们来看一下，这每一步产生的过程，以及其中释放出来的信号。

（1）顾客注视或者留意物品时的信号

①顾客有意识地进入店铺或在橱窗前观看商品，并且还会环视柜台或橱窗里的商品；

②在注视过程中，顾客往往会注意到店内的环境设施、商品陈列、POP 布置等。

这时，销售人员应该如何应对呢？

销售人员应立即主动向顾客打招呼，可以通过适当的询问和观察判断顾客的购买意图。值得注意的是，如果顾客对某商品感兴趣，但是销售人员却未关注到顾客的注意并采取适当的行动，这时，顾客很可能会中断购买。

（2）顾客产生浓厚兴趣的信号

①顾客可能会对商品的细节方面产生好奇，见图5-10。

图5-10　顾客对商品的六大细节产生好奇

②顾客可能进而会触摸或翻看商品。

③顾客可能会向销售人员问一些他关心的问题。

这时，销售人员应该如何应对呢？

销售人员应立即主动地向顾客介绍，并回答顾客关心的问题。

（3）顾客产生联想的信号

①顾客可能会对某一商品联想到此商品将会给自己带来的益处，以及能解决自己哪些困难。例如，顾客看到一个感兴趣的投影仪后，他会马上联想到这台投影仪放在自己的客厅或者卧室的景象，然后想象投影仪给自己带来的视觉上的体验，甚至还会想到这款投影仪可以给自己省下买电视机的钱，同时也省去了购置电视柜的事情，等等（见图5-11）。

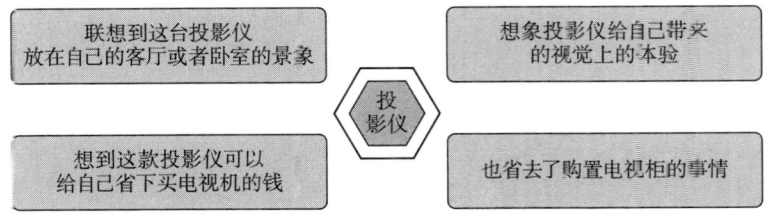

图5-11　顾客对一台投影仪的联想

这些都是顾客可能联想到的。

②顾客可能会把感兴趣的商品和自己的日常生活联系在一起。这时候

销售人员应该如何应对呢？销售人员应使用各种方法和手段，适度地帮助顾客提高他的联想力。

（4）顾客产生购买欲望的信号

①顾客会针对这个商品仔细询问和仔细观察。

②顾客会由喜欢变得想要占为己有，并且这种冲动和欲望很强烈。

这时，销售人员应该如何应对呢？

销售人员要抓住时机，进一步解释顾客关心的问题，以使其购买欲望加强。

2. 占为己有的欲望来自顾客的情感

大量的经验证明，预测顾客情感并根据预测结果对产品设计进行调整，比市场调研和统计分析更有作用。

当顾客对物品产生占有欲望时，往往是因为情感因素。这种情感因素让顾客的决策更加快速和清晰。

因此，很多商家在具体的实践中，需要把情感因素融入商品设计的过程中，让商品具备被顾客想占有的标签。如 iphone，所有主流年轻顾客群体对每年推出的新 iphone 机型都会在情感上产生一种强烈的占有欲。

那么，商家应该如何下手呢？商家需要什么资源、技术和技能呢？实际上，商家需要在设计上做到下列六点，见图 5-12。

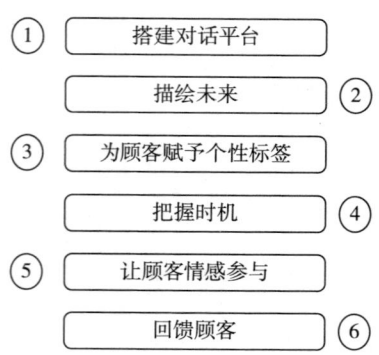

图 5-12　商家在设计上需要做到六点

完成了上述六点后，商家就可以塑造顾客使用商品时的体验。事实证明，这其中也运用了心理美学的智慧。心理美学是帮助顾客和商家设计人员进行创新的工具，可以在顾客和商家之间建立情感联系，这种联系是商家扩大市场和实现利润的基础。

情感联系是商家保持商品销量的真正推动力。只要商家重视商品设计的作用，就有可能让顾客产生情感上的主动消费。在日益全球化的国际市场上，虽然资金很重要，但是几乎看不到哪些企业是只依靠资金来做大的。商家必须了解顾客的心理和情感上的需求、愿望和偏好，并且运用心理美学的理念，将其融入商品设计中。

美国著名诗人玛雅·安吉洛曾说过："没有人会记得你说的话，也没有人会记得你做的事情。然而一旦别人对你产生了某种情感上的感觉，他们就不会忘记对你的印象。"因此，在现代社会，商家要抓住顾客的情感和感觉，对顾客心理的影响才是一个企业获得长久发展的无形资产。因此，商家要把顾客对商品的情感感觉放在首要位置考虑。

顾客在计算性价比吗

在购买过程中,顾客还会有这样的一种行为:计算性价比。例如,顾客对一件商品充满了思考,这种思考不仅是针对商品的功能、外在颜色以及包装等,还有理性上的分析,例如,价钱与功能是否成正比。在商业心理学上,顾客对商品价格的心理反应是影响购买行为的重要因素。

当一个顾客在计算性价比时,他往往是产生了购买欲望,否则他不可能花费脑力去计算商品的性价比。

1. 顾客对价格的心理反应

顾客对价格会产生四种心理上的反应,下面我们来逐一分析。

(1) 对价格的习惯心理

顾客在多次购买过程中会加深对商品的认识,能够积累大量经验,甚至还会形成对某个商品价格的习惯性。这类商品大多有四个基本特点,如图5-13所示。

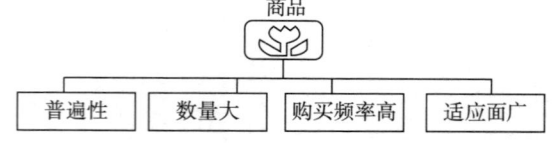

图5-13 对商品价格习惯的商品特点

这些商品大多是生活用品。这种习惯性价格持续时间长、传播广,一旦形成,顾客会把这个价格当成衡量价格是否合理以及质量好坏、使用寿命长短的基本标准。因此,商家在调整价格时,需要对此谨慎对待。

(2) 对价格的感受性心理

顾客对同类或者不同类的商品价格会进行比较,以此识别和判断商品价格的高低。当然,这种标准只是相对而言的。一般通过对同类商品价格,或是同一商场内不同类商品价格的对比,或是通过对商品本身外观、包装、特点等进行比较。这种比较的结果往往是不正确的,通常都是由顾客的感觉导致的错觉。

(3) 对价格的敏感心理

什么是顾客对价格的敏感心理呢?见图 5-14。

图 5-14　顾客对价格敏感心理的概念

由于价格高低直接关系到顾客是否购买以及购买多少,所以顾客对价格变化一般都很敏感。但对于不同的商品,其敏感性是不同的。通常对与日常生活有关的商品敏感性更高;反之较低。如图 5-15 所示。

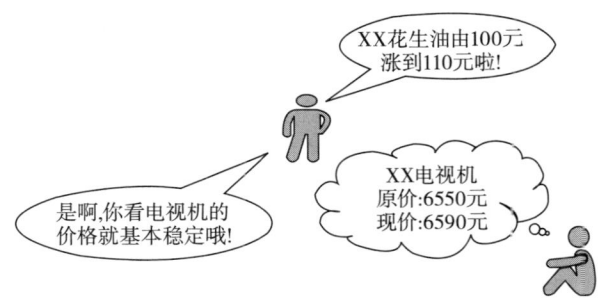

图 5-15　顾客的价格敏感心理变化

(4) 价格的倾向性心理

价格有高低之分,不同档次的商品其价值和品质不同。不同类型的顾客中,有的顾客喜欢购买那些功能全面先进且外观漂亮独特的高价品牌商品；有的顾客则喜欢价格适中、具备一定功能的商品；还有一部分顾客对那些物美价廉、经济实惠的商品有很强的购买欲求。

这种不同主要表现在购买行为中顾客对价格的选择会有明显不同的倾向。而这种不同实际上是不同顾客心理的不同反应。

2. 顾客主观上对商品的价值判断分析

顾客通常在心里有一个自己预期的价格，也叫顾客心理价格，是指顾客在主观上对某种商品给出的价格，或者是顾客在商品价格既定的情况下，对商品的接受程度。

例如，在日常生活中，常听到顾客这样说："这个东西，最多值100元。""那个东西，至少要500元。"这些都是顾客主观上对商品价值的一个判断。

在价格既定的情况下，顾客对一种商品的接受程度有高低之分。商品在市场上销售的快慢，是既受商品自身价格的影响，又受顾客爱好的影响。

商品的销售情况同顾客的心理价格成正比，同商品自身价格成反比。商品价格和顾客心理价格可以各自独立对商品销量起作用，商品价格也会对顾客心理价格发生影响，以致影响销量。例如，对高档商品来说，如果某牌号的商品价格偏低，或者由高降低，顾客很可能就会在心理上认为是这件商品的质量出现了问题。反之，商品的定价比同类商品高，顾客反而以为这是由于商品质量好的原因，高价促使顾客心理价格的上升，这样这个商品就会因为高价而走俏。

所以，商家要把握好顾客的心理价格，做好这一点，商品不怕高价卖不出去。

了解顾客对性价比的这些心理后，销售人员还可以通过仔细观察了解顾客在购买过程中外在的信号表现，依此采取相应的举措，定能事半功倍。

第5章
搜索顾客购买欲望的信号

 分享心理蠢蠢欲动，购买欲望就来了

当顾客对一件商品产生购买欲望时，他还会有一个明显的行为表现，那就是乐于分享。例如，最典型的场景就是：在商场内，一个顾客对一双球鞋非常感兴趣，询问价钱后，开始试穿。试穿时，频繁对着镜子拍照，然后将其发送给好友分享。很快好友发来认可的信息。然后，这位顾客顺利地下单购买。

当然，这种购买欲望的大小与顾客所分享的好友回馈的态度有很大关系。如果对方觉得这件商品一般，或者不适合顾客，顾客往往会立刻表现出沮丧的样子。但是通常情况下，这样的结果较少发生。从心理学角度看，当顾客给好友分享购物时，90%的好友会赞同。因为这是社交社会下的一种常态：没人愿意惹社交线上的好友不高兴。

在现代社交链中，人人都是角色饰演者，没有人愿意成为"社交恶人"。

因此，当顾客分享心理蠢蠢欲动时，他的购买欲望也就来了。

1. 增加商品的互动性，让顾客愿意分享

为什么顾客分享商品时，会有购物欲求呢？因为两点：

第一，这个商品引起了他的兴趣，他想获得，所以分享给好友参考。

第二，这个商品非常有新意，他想分享给好友，让更多好友购买。

因此，商家在研发商品时，要增加商业的互动性。实际上，心理学家认为，一个商品在互动性中涉及的感官越多，就会越成功。那些触摸商品的顾客更有可能把商品买下来，播放音乐的商店也往往有更高的销售额，这些都与感官有关。一旦触及了顾客的感官，顾客就乐于去分享内心的趣味和喜悦。

证明这一点最成功的案例就是泰迪熊华斯比。如今，它依然是世界上最畅销的玩具之一。它的成功缘于它是第一款以电脑动画制作为基础制造出来的会说话的毛绒玩具。

孩子们在玩乐中喜欢角色扮演，而当时很多玩具更注重的是知觉上的反馈和配饰。如芭比娃娃、眼镜蛇部队玩具等。泰迪熊却能和孩子们真正交谈，与他们产生互动。

这不仅仅让泰迪熊成为一个玩具，更成为了孩子们的朋友。泰迪熊内部使用的技术以及需要更换录音带的设计，要求商品必须做到精益求精，保证不会破坏孩子们对小熊的想象。

泰迪熊不但能够和孩子们互动，还给家长和孩子们带去了更高的分享乐趣。在学校、家长见面会、朋友聚会等场合，泰迪熊的这种新互动都成为人们津津乐道的主题。这让泰迪熊更加风靡。泰迪熊从1985年引入此技术，其品牌认可度高达80%。

泰迪熊的案例证明，设计产生互动性是商品成功的关键。而且有了互动性，顾客更愿意分享购买。这种方式在现代社会中，还会让顾客成为商品乃至品牌的忠实粉丝。

2. 基于社交信息下的新分享购物

当下是一个分享时代，一大批的社交网站和平台向我们袭来。抖音、小红书、微信、微博等各种"种草"平台火热上演分享购物。打开这些社交平台会发现好友发来的很多新商品。

例如，下面这个场景：

小A是一个购物达人，他经常去日、韩等地旅游，所以不免成为日、韩药妆品牌的代购。为推荐商品，他和许多网红达人合作。在小红书、抖音上"种草"他代购的面膜、化妆水、乳液，等等。

很多网红达人在小红书发布自己使用面膜的视频，然后分享对比照，充分展示所用面膜的好处和特色。于是，其粉丝纷纷留言寻求购物渠道。网红就将小A的网络店铺发送给粉丝，这样就形成了分享购物的闭环。

当然，小A也可以通过自己的分享实现这一网络购物闭环。作为小A或者网红的粉丝，就是普通的顾客，他们会通过分享来购物，这也是一种新的购物方式。所以，商家也可以借助这种模式进行线上销售。

3. 刺激顾客在线分享

什么是刺激顾客在线分享？是指在移动互联网下，商家可以借助社交平台的力量，通过各种方式主动让顾客分享商品给好友，让更多好友帮助顾客促成购买决心。

例如，电商品牌唯品会的做法就很值得借鉴。

打开唯品会，然后找到一件自己喜欢的商品。顾客通过网上图片展示和介绍反反复复打量商品，虽然很喜欢，也产生了购买欲望，但是却依然无法下决心。这其中包括价格、颜色、款式等方面原因。唯品会这时候给顾客带去一种恰到好处的"刺激"。

在商品的右上角有一个分享按钮，唯品会给出提示："拿不定主意？发送给好友，帮你参谋一下。"点击这个分享按钮，可以将商品链接发送到微信好友、朋友圈、新浪微博、QQ好友、QQ空间等社交平台（见图5-16）。

● 顾客心理学 ●
好的销售都会抓心理

图 5-16 唯品会的分享"刺激"

通常情况下,对方看到链接后,都会赞同。这样一来,顾客就会完成购买行为。

第6章
没错,这些就是顾客百分百决定购买的信号

　　什么是顾客百分百决定购买的信号?例如,顾客对商品爱不释手,看到目标商品后眼睛发亮,露出兴奋的表情等,这些都说明顾客急切想要购买此款商品。销售员必须了解顾客早有预谋的购买行为是怎样的,再从互惠、报价、定价、时间性压力等方面,想方设法与顾客快速成交。

一场早有预谋的购买行为是什么样的

销售人员一定要学会判断顾客的购买行为,尤其是顾客早有预谋的一些购买行为。当你遇到早有预谋的顾客时,这表明你是幸运的,因为这至少说明顾客是带着百分百的诚意来到你的店铺。但接下来是否能够顺利成交,还要取决于你的表现。

对此,我们必须要知道,一场早有预谋的购买是什么样的。

1. 进店直奔目标

一场有预谋的购买,首先顾客一定是有目标的。例如,下面这个场景:

> 星期五的一大早,优衣库的导购刚刚把店门打开,就有一位顾客急急忙忙地走入店内。然后,直奔女装专区的毛衣方位,并且找到一款货号为×××的衣服,脸上露出兴奋的神情……

这位顾客的表现就是有目标、有预谋。通常情况下,顾客会有如下行为表现:

第一,瞳孔放大,眼睛发亮;

第二，一进店门，直盯着某一处；

第三，脸上露出兴奋的神情。

顾客有这些举动就说明他早有预谋来购买这件商品，并找到了这件商品，发现商品与其想象的相差无几。

2. 对商品爱不释手

当顾客看到自己的目标后，会不停地摆弄或操作。总之，顾客对商品会爱不释手。

这不仅是表现在线下实体店的购买行为中，在线上电商购物的过程中也有类似的行为。例如，我们的淘宝购物车里总是会乖乖地放着几件不舍得删掉的商品。此外，当我们打开某个电商网站时，会形成一种潜意识的习惯，去搜索喜欢的商品，然后打开详情观看商品的介绍和图片，还会反反复复地观看商品评论，想象自己拿到商品时的样子，等等。甚至还会将商品分享到社交圈，这些都是对商品爱不释手的表现。

3. 非常注意销售人员的动作与谈话

顾客进店后，看到喜欢的商品后，还会有一个表现，那就是非常注意销售人员的动作和谈话。

顾客在询问自己喜欢的商品时，往往表现得异常睿智。这时，顾客会有一双异常锐利的眼睛，并仔细注意销售人员的每个细微动作，包括眼神和谈话的语气、内容等。这时，顾客的心理是什么样子的呢？顾客之所以如此对销售人员注意，是因为担心上当，或者生怕错过一些商品的细节问题等（见图 6-1）。

第 6 章
没错，这些就是顾客百分百决定购买的信号

图 6-1　顾客担心并注意的细节问题

4. 不断表现出对商品的赞同

顾客早有预谋的购买还表现在他会对想购买的商品频繁表示赞同。例如，顾客面对销售人员的讲解频繁点头。

从商业心理学上来看，当顾客一边看商品，一边微笑地点头时，表示他对商品很有好感。因此，此时，销售人员需要做出恰到好处的引导和说服，就可以让顾客成功买单。

5. 购买前最后的检查

当顾客早看好商品时，经过了上述四个步骤后，最后就是掏钱购买阶段。在这里还有一个小小的行为，那就是做购买前最后的检查。

这主要表现在顾客对商品东摸西看，关心商品使用寿命、有无瑕疵，等等。这时，顾客开始精心挑选，甚至还会比较某种商品，仔细观察商品的每一细微之处。顾客的心理很简单，其潜台词是："我花那么多钱，总不能买个残次品回家吧。"因此，这时销售人员需要把同款新货拿给顾客，让顾客带着新商品高高兴兴买单。

你相信顾客会对产品"一见钟情"吗

顾客在购买过程中,有一个影响他绝对购买的因素,那就是商品本身。这主要是指商品的设计。有些商品从视觉上就特别抓眼球,让顾客看一眼就迷上了。换句话说,顾客对商品"一见钟情",这种感觉促使他当即购买。

我们看下面这个案例:

2007 年,著名电子产品公司 Vestalife 正处于起步阶段。当时市场竞争激烈,公司如果再没有进展很可能就会被淘汰。就在这一年,Vestalife 推出了一款瓢虫设计 ipod 音箱,打响了市场首秀。这是一个有趣的小玩意,其形状像一只瓢虫,因此得名。

该音箱合拢时,是一个直径仅为 5 英寸的球形,当"翅膀"打开时,整个音箱有 13 英寸那么长。这款瓢虫音箱的外观设计在俏皮与成熟之间找到了理想的平衡点。

这个设计不但给儿童带去了欢乐,还吸引了很多追求时尚、个性的成年人。

在品类众多的同类市场中,瓢虫音箱脱颖而出,很快成为媒体的宠儿,还获得了 2008 年 ilounge 网站 macword 最佳展示奖及

4
2008 年国际顾客电子产品展示创意设计工程奖。

当时，很多年轻人走入电子商店，都会被这款瓢虫音箱吸引，愿意为它消费。这就是顾客对商品"一见钟情"的案例。

顾客对商品"一见钟情"后，很难有人会阻挡住他们买单的脚步。因此，商家要抓住顾客的这一心理需求，尽可能地在商品设计上增加趣味。

顾客对商品"一见钟情"的表现是什么样的呢？

1. 只是因为在人群中多看了你一眼

顾客在逛街时，面对琳琅满目的商品，犹如走马观花，但是唯独有几件商品会让顾客关注。这些商品只是引起了他的注意，未必让他"一见钟情"。当顾客继续往前走，突然有一件商品是那么特殊、那么耀眼，在其他商品中显得格外靓丽，仿佛带了光圈。于是，顾客忍不住多看了它一眼。没错，这个商品就是让顾客"一见钟情"的商品。

2. 7 天内对商品持续想念

顾客对商品的"一见钟情"就像谈恋爱一样，如果一个男生对一个女生一见钟情，那么这个男生会日日夜夜思念。在爱情心理学上，7 天内，情侣的思念会深度发酵。

顾客对商品的"一见钟情"也是如此。如果当时没有购买，那么顾客在回家后必定会对该商品念念不忘。

当然，顾客之所以没有当时购买的原因可能有二：第一，太昂贵；第二，断货。

通常情况下，顾客真的对这个商品喜欢到不能自拔，7 天内必然会找到某种渠道购买。

3. 果断意志

当顾客见到令其"一见钟情"的商品时，通常会有一种果断意志力。

什么是顾客的果断性?

果断性是指顾客能够针对自己的情况,如工作、经济状况、生活习性等,迅速而合理地做出有效的购物决定,并立即付诸行动,从而出色地完成购物活动的品质。

果断性当然是有前提的:大胆、勇敢和深思熟虑为条件。果断性是人的意志品质成熟的一个重要标志(见图6-2)。

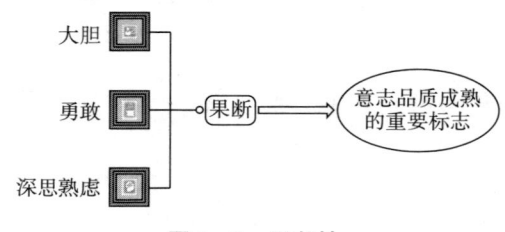

图6-2 果断性

反之,缺乏果断性的顾客表现则是优柔寡断的。当顾客遇到特别喜欢的商品时,往往会产生果断意志力,迅速买单。

4. 其他同类商品在那一件面前都变得暗淡无光

顾客对商品"一见钟情"的表现还体现在对待其他同类商品上。举个例子,当顾客在选购手机时,如果对华为手机特别喜欢,那么在他眼里,小米手机、苹果手机、OPPO手机等一切其他牌子的手机都无法与华为手机相媲美。这就是"情人眼里出西施"。

第 6 章
没错,这些就是顾客百分百决定购买的信号

互惠的魔咒:让顾客对免费无法抗拒

免费永远是最吸引人的,无论是什么形式的营销,只要加入"免费"的元素,就能快速吸引一大批的顾客。

你有没有买过"买二送一"的蛋糕?原本你只想买一个蛋糕,为了那个"送一",买了两个蛋糕。

你有没有过这样的经历?周末去超市,原本打算买一盒德国牛奶,但是到了超市,发现美国牛奶正在搞活动,买1盒免费赠送1只精美的杯子,为了那个漂亮的杯子,你购买了美国牛奶。

这就是免费的诱惑。因为免费,你改变了自己购买的初衷。

在现代信息发达的当下,各大电商网站竞争激烈的情况下,哪家做出"免费"活动,哪家就能抢占先机。当然,免费并不等于不收费,而是另外一种营销手段,是一种营销效应。

顾客对免费的东西总是乐于接受的。例如,在商场看到"买就送"的宣传语,总是会走进去看一看。这就是最简单的免费效应,也是商家采取的互惠魔咒。因为顾客无法拒绝免费的东西。

1. 免费让顾客忘记了不利的一面

免费为什么如此有诱惑力?为什么顾客会因为免费而购买自己并不真

正需要的商品？

美国经济学家丹·艾瑞里认为，多数交易都有两面性——有利的一面和不利的一面，当产品免费时，会让顾客忘记不利的一面。免费给顾客带来一种情绪冲动，误认为免费物品高于它的真正价值（见图6-3）。

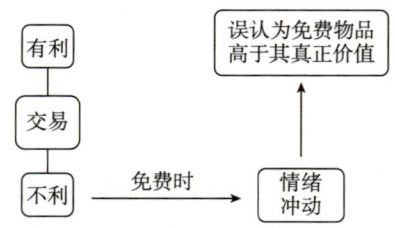

图6-3 免费让顾客忘记交易中不利的一面

当顾客选择免费的物品时，在内心不会觉得自己有显而易见的损失。反之，当顾客选择的物品不是免费时，顾客内心就会觉得自己的选择有风险，可能做出错误决定，或者蒙受损失，等等。所以，如果让顾客从中选择，多数会尽可能地选择免费商品。

2. 免费营销的本质是收费

免费营销的本质是收费，而不是真正的免费，更不是公益。免费只是营销的表现形式而已。

运用免费营销这个工具，一定要理解其本质才有意义，而不是盲目追求其表现形式。

免费营销有多种表现形式，在药店营销中常见的有完全免费形式，比如，免费贴膏药、VC含片免费试吃、儿童钙片免费试吃等。有限制性免费形式，如买赠活动、会员特价商品、前多少名顾客免费领取等。

如果不理解免费营销的实质，就很容易盲目地模仿别人。看到A店买药送鸡蛋活动搞得很好，你也搞个买药送鸡蛋活动；看到B店免费送维生素活动搞得很好，你也跟着免费送维生素；看到C店搞抽奖活动，你也跟着搞抽奖活动……

实际上，商家要站在自己的立场上，分析自家商品的特质和特色，尤其是分析目标顾客群，然后针对顾客群的需求免费营销，这样才能事半功倍。

3. 抓住顾客喜欢参与免费活动的心理

为了将免费效应发挥到更大程度，不仅要抓住顾客喜欢"买一送一"的心理，还要经常举办一些免费活动，比如，定期举办线下免费活动、聚会、研讨会等。可以邀请名人参与这些线下的免费活动，主要目的是让顾客感觉到参加这些免费活动是非常值得的。

这些线下的免费活动，不仅能让成员参与进来，联络感情，还能与名人见面，面对面互动，形成顾客群成员之间的关联性。这样可以让顾客亲身感受到免费带来的具体好处，能更容易吸引顾客，宣传和推广商家的商品。

同时，在免费活动中，需要加入一些优惠，如进群（线上）领取红包，活动免费领取优惠券、小礼物等，这些免费方式也能吸引顾客参与。顾客参与越多，商家或者品牌的影响力和知名度就越大。这种依靠免费得来的知名度会让你获得更多忠实的顾客群体，形成一种良性循环，口碑效应也能自然形成。

报价博弈中，顾客觉得"赢了"的时候

什么是百分之百的购买呢？很简单，通常有几种外在表现，见图6-4。

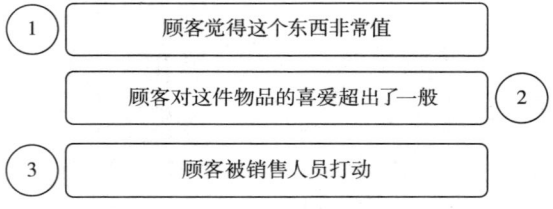

图6-4　顾客会百分之百购买的外在表现

这是外在的一些表现形式，但是作为销售人员能够遇到这几类人的概率不是很大。多数情况下，我们需要通过对顾客内心的了解和剖析获得其认可，从而扭转局面，让其购买行为完成。

在这里，我们需要了解一个顾客可以实现购买的信号：在报价上，当他觉得自己"赢了"的时候。这是一个很简单的心理现象，即当销售人员报出一个价格时，顾客感觉到昂贵（即便这个价格和其内心期望值所差无几），他也会产生一个"博弈"心理，抛出自己的价格。如果这个价格可以说服销售人员，那么顾客就赢了，就会百分之百快速购买。

当然，要让顾客实现百分之百快速购买，我们需要做一些功课。

第 ❻ 章
没错，这些就是顾客百分百决定购买的信号

1. 让顾客进入"舒适区"的心理依据

为什么顾客的内心不在舒适区？这个问题令许多销售人员百思不得其解。实际上，每个顾客在与任何一位销售人员第一次会面时，内心都有一种抵触心理。

如何让这种抵触心理打消，这依然需要运用心理学知识。在心理分析中，有一个"弗洛伊德口误"理论。心理研究发现，如果让一个人可以自由地谈论自己，最终他总会说漏嘴。他会脱口而出自己在那一刻的真实想法；而这正是销售人员想得到的，因为那就是顾客的真正需求所在。

在那一刻，顾客自然而然就进入了"舒适区"。在这个舒适区，我们可以抓住顾客的需求，然后对症下药，对方自然而然就会被我们说服，由一开始的抵触转变为购买（见图6-5）。

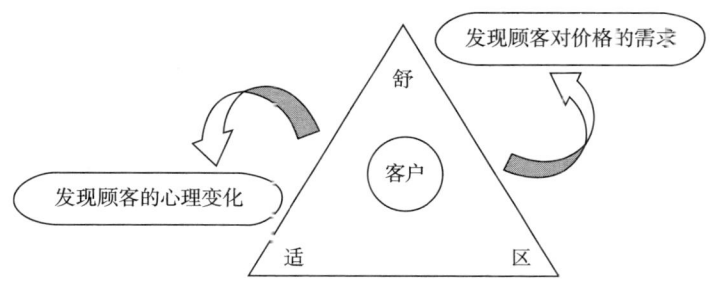

图6-5 让顾客进入"舒适区"

在这个"舒适区"中，我们恰恰可以发现顾客对价格的需求和心理变化。例如，一位女士走进纽约第五大道的美宝莲专柜，对一支口红产生了购买意图，但似乎还在犹豫着。销售人员于是走过去说："您好，女士，您的气色很棒，可以帮您免费化一下本季新流行的妆吗？"女士自然愿意。

在化妆过程中，销售人员看到顾客慢慢放松了下来，于是抛出了一个舒适的话题："像您这么时尚的人，一定用过很多美妆产品吧？"

女士放松下来后，如同打开了话语阀门："我对美妆确实有些研究，尤其是口红……"

让顾客进入了舒适区之后，他的话匣子就打开了。这样对探索顾客的心理需求和真实想法是有帮助的，也给后面顾客博弈心理打下了基础。

2. 报价成交环节，给顾客制造一个"赢"的心理

任何顾客在购买时，都希望花相对少的钱，买到相对多的东西。

所以，即使销售人员给顾客报的是底价，顾客也会讨价还价。只有当顾客感到"值"和认为他已经得到了最低价的时候，才会购买。这就是所有顾客都具备的"想赢"心理。

来自巴黎的时尚营销顾问阿曼达·杜布瓦这样告诉所有的销售顾问："只有当顾客认为他们战胜了销售顾问，内心感到'赢'的时候，才会把钱掏出来给你。"

同时，她还表示，在巴黎的时尚圈内，人人都渴望成功，都不希望自己是失败者，但人人都有"博弈"心理。

的确如此，很多顾客在购买产品过程中，特别是在涉及价格时，很大程度上存在"博弈"心理。这种心理的外在表现如下：

当一位顾客明知道你的产品价格比他预想的价格要贵，或者在你报价完毕后，过段时间，他还是会主动找到你询问是否可以再低一些。通常这是顾客的"博弈"心理在起作用，因为这种行为表明你的产品肯定有吸引他的地方，可能是品牌优势，也可能是质量优势，还可能是销售人员的自身魅力，等等。顾客再次主动询问的目的通常是想抱着"赌"一下的心理，能够拿到低价最好，如果实在不行，他（她）成交的概率也会很大。

针对顾客的这一心理，我们需要做两个选择：

第一，不再降价。虽然价格会高一些，只要高得不是很离谱，顾客是可以接受的。毕竟，真正吸引他们的地方不是绝对意义上的价格。

第二，给对方"赢"的机会，即适当降价（在盈利范围内）。具体做法是可以利用"讨价还价"的必杀技应付顾客，最主要是把"赢"的心理给顾客。

第6章
没错，这些就是顾客百分百决定购买的信号

 用尾数定价唤回顾客的购买欲

一位顾客去商场购买衣服。在商场的两家不同专柜，顾客看到了两件相同品牌的衣服，定价不同。第一家定价500元，第二家定价489元。最后顾客花了489元购买了第二家的衣服，高高兴兴地走出了商场。

为什么会出现这样的现象呢？

因为顾客在购物时，对价格有一种心理上的独特反应，甚至会因为数字而形成心理错觉。要想搞清楚这一点，我们先要看一下商品价格与顾客心理行为的关系。

1. 商品价格与顾客心理行为的关系

（1）价格是顾客衡量商品价值和品质的直接标准

在顾客对商品品质、性能知道甚少的情况下，基本上是通过价格判断商品品质的。很多人认为价格高就代表商品好、价格低就代表商品差。这种心理认识与成本定价方法以及价格构成理论相一致。因此，低价不一定能促进顾客购买，还可能会让顾客产生怀疑。适中的价格，可以让顾客对商品有"放心感"。

（2）价格是顾客社会地位和经济收入的象征

很多人通常把某些高档商品同社会地位、经济收入、文化修养等联系

在一起。认为购买高价商品,就可以显示出自己优越的社会地位和高层次的文化修养,可以博得别人的认可和尊重。反之,购买低价商品,则感到与自己的身份、地位不符。

(3) 价格直接影响顾客的需求量

一般情况下,价格上升会引起需求量下降,抑制消费;价格下降则会增加需要量,刺激消费。但是也有相反的情况,商品价格普遍上升时,会让顾客预期未来价格将继续上升,增加即期需求量;反之,则预期未来价格将继续下降,减少即期需要量,产生"买涨不买落"的心理。

造成这种情况的原因往往有几个方面,见图6-6。

图6-6 价格直接影响顾客的需求量的原因

这些特征有着不同程度的差异,所以顾客对价格的认识以及心理反应千差万别。

在商场中有这样一句话:"百人有百心,百货对百客。"商家要千方百计地去了解顾客的需求,并针对不同需求层次的顾客提供不同的商品,制定不同的定价策略。

2. 价格对比给顾客带去的心理上的购买欲

在说到这一点时,我们先看《经济学人》杂志曾讲过的一个非常经典

第6章
没错，这些就是顾客百分百决定购买的信号

的案例：

一家杂志社想推出网络版，于是找营销专家策划，专家做了两个方案：

A方案：购买网络版需要56美元；

B方案：购买网络版加纸质版需要125美元。

结果，大多数的顾客会选择A方案，购买网络版。

但是问题随之而来，纸质版的没人买，于是杂志社又聘请了一位营销大师。这位大师给出了三个方案：

A方案：购买网络版需要56美元；

B方案：购买纸质版125美元；

C方案：购买网络版加纸质版125美元。

结果可想而知，大家都选C方案。因为B方案的作用就是为了引导顾客选C方案，它是一个"陪衬者"。

这一招在现实中随处可见，如果你留意一下手机话费套餐，就会发现确实存在很多"陪衬者"，只为你做决策方便。

这种方式，在营销中被称为"陪衬机制"的底层原理。实际上，其本质就是顾客的主观感受主要来自对比。

我们再看一下星巴克的做法，就会更加明白。

在星巴克的店里，我们经常会看到一个现象：陈列柜里摆放着依云矿泉水，几乎卖不出去，却始终摆放着。

为什么？

答案就是星巴克摆放依云矿泉水根本不是拿来卖的，而是给顾客看的。

依云矿泉水在星巴克一般标价20元人民币，而星巴克的咖啡价格在20~30元。

所以，依云矿泉水只是个陪衬，在于向顾客暗示：一瓶水都卖20元，

20~30元的咖啡太划算了（见图6-7）。

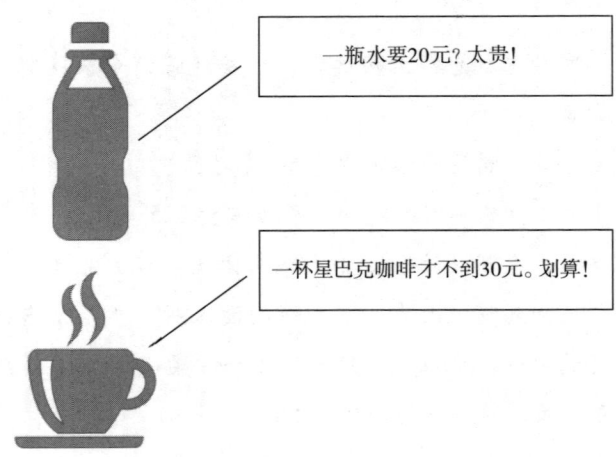

图6-7 顾客在水和咖啡之间进行价格对比

顾客在购买过程中，通过对比在情感上得到了所谓的"胜利"，认为自己花的钱非常值。因此，他会毫不犹豫地购买。

3. 尾数定价策略带来的价格错觉

为什么同样的一款商品，定价9.9元要比10元更容易销售？这就是尾数定价策略的好处。

什么是尾数定价策略？（见图6-8）

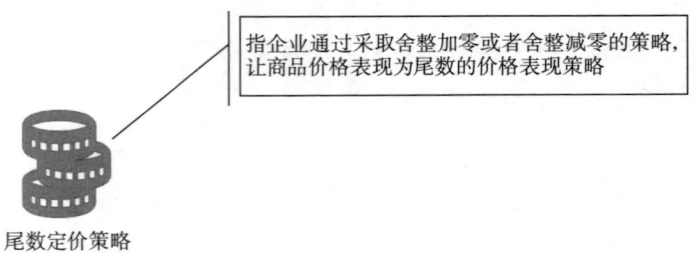

图6-8 尾数定价策略

尾数定价策略利用的是顾客的价格错觉进行标价的心理策略。当商品价格以零数的形式出现在顾客面前时，往往会显得精细，不但可以让顾客产生一种实惠感的价值联想,还可以增加顾客对商品价格的信赖感,认为这种价格是商家经过认真核算的结果。

例如,在英国伦敦牛津街有一家全部以"99"作为商品定价尾数的商店。一磅兔肉标价为0.99英镑,一条普通的腰带标价为1.99英镑,一条女式围巾标价为11.99英镑……这家商店的生意非常红火。

通常来说,尾数定价策略比较适用于日用消费品,即价格基数较低的商品。

时间性压力：顾客挑选时间已达上限

有这样一种情况：顾客在购物时，花费了大量时间挑选商品，随着时间的流失，还是没有看到最合适的，于是最后只好买下了那个看上去"一般"的商品。

这就是在时间压力下，顾客做出的购买行为。

1. 为什么顾客在购物时会有时间压力

（1）购物送人

一般情况下，顾客给自己购物，往往会精挑细选，一定要挑一个自己满意的商品。比如买服装，顾客会不断试穿各种款式的，还要看价格和材质，只有各方面都符合自己意愿，才会购买。

但是，当顾客给他人挑选物品时，往往就没有这么大的耐心了。例如，一位女性顾客需要挑选一件衣服送给好友，当作生日礼物。这时候，顾客往往不会亲自试穿，也不会仔细看材质，而是将朋友平常穿的尺码和要求告诉导购，让导购挑选。

如果导购挑选的不合适，顾客会亲自挑选，但只是根据朋友的一些基本特点来挑选，最终会挑选一件"差不多"的衣服付钱购买。

因此，销售人员需要在顾客身上快速获悉后者是为自己还是为别人挑选物品的信号。

（2）因为某个活动而购物

当顾客是为了某个活动而购物时，他往往会有时间压力。例如，一位男士要去参加朋友的婚礼，但是自己没有礼服，于是赶在朋友结婚前一天匆忙来到商店购买男士礼服。这时，这位顾客会有两种心理表现：

①礼服平常也不穿，差不多就行了。

②时间紧迫，只要合身，随便买一件就好。

所以，在这两种心理的催促下，顾客来到男士服装店，很快就会选中一款礼服，然后买单（见图6-9）。

图6-9 男士在时间压力下购买礼服的心理和行为表现

（3）商家打折时间就要到了

赶上商家打折，顾客也会有时间压力，分两种情况：

①商场打折时间限制。例如，某商场内，HM商店正在搞圣诞活动，推出全场八折优惠，但是有时间限制，只有一个星期的时间。于是，很多顾客会在这一个星期内拥入商店消费。为了获得优惠，顾客在这一周内会挑选很多衣服，甚至不是那么喜欢的衣服，但因为折扣大，掏钱买回了家。

②限量购买。例如，商场内某服装店推出"买二送一"活动，但是有些顾客却千挑万选只选中了一款最合适的衣服。换作平常，顾客也就只购买这一件，但是为了获得"买二送一"的优惠，他愿意再挑选一件。这

样，他就又选购了一件"差不多"的衣服。

这些都是顾客在时间压力下必须要购买的情况，销售人员要搞清楚这一点，然后适当推出合适的活动和使用恰当的销售方法，让顾客实现快速购买。

2. 给顾客一个时间压力

了解了顾客在时间压力下的购物情况后，我们就可以有法可循地推销。但是如果顾客本身没有面临上述情况时，如何让他快速买单呢？

这需要销售人员主动给顾客制造一个时间压力。

最好的方法有两个：

（1）制造价格上的变化。例如，顾客拿不定主意购买一个商品时，销售人员可以这样说："先生，您现在买相当合适，因为明天这款商品的价格就会上调，到时您再买，就多花钱了。"如此提醒，多数顾客都会选择当即购买。

（2）用断货来"刺激"顾客购买。例如，当顾客无法决定是否购买时，销售人员可以这样说："先生，这款产品马上就要断货了，如果您下次想买，我不敢保证还会不会有货。"在这种"刺激"下，顾客通常也会果断买单。

第7章
抓住可以成为长期顾客的行为信号

　　顾客产生购买行为后,销售人员还应继续开发和研究顾客,并最终发展成为长期顾客,这里也有信号可循。例如,顾客主动询问你的电话号码,或者主动浏览店铺官网……说明他想得到更多的优惠和便利,并对已购买的商品或者品牌产生了信任和依赖感,逐渐有了忠诚度。

用 FORM 模型，对顾客需求进行长远定位

要想让顾客成为商家的长期顾客，不能只是被动地依赖顾客个人的喜好和购物方式，我们还需要借助一些模型实现。这里，我们介绍一款 FORM 的模型，可以对顾客的需求进行长远定位，从而抓住顾客，让其成为我们的长久顾客。

用 FORM 模型需要以下四个流程。

1. 了解顾客需求

FORM 模型对顾客定位可从四个方面进行（见图 7-1）：

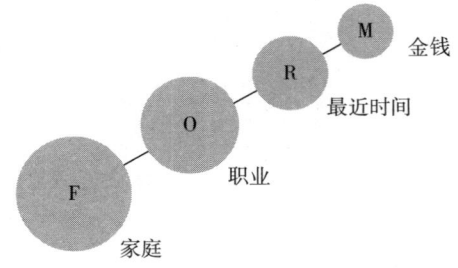

图 7-1　FORM 模型

F（家庭 family），了解顾客的家庭现状。

例如，一个汽车销售人员，需要了解顾客的家庭成员数量，根据这个

数量判断几座车适合顾客。

O（职业 occupation），顾客的职业会影响他对商品的选择。

还是以汽车销售为例。比如，皮卡、越野车不适合上班族等。

R（最近时间 recently），顾客的最近时间也就是休闲时间，根据这一点可以判断顾客对商品所需的主要功能。

例如，一个顾客每周只上一天班，其他时间可以自由安排，那么越野车可能是他的选择。

M（金钱 money），顾客的财力情况会直接影响购买。

例如，工薪阶层和中产顾客购买商品，选择的档次会不同。

2. 把握顾客的购买心理

不同的顾客购买心理是不同的。顾客的购买心理主要有三大类：

（1）希望被尊重

根据马斯洛需求原理（见图 7-2），人的自我实现的需求是位于顶端的，但是部分顾客在购买商品时相当在意销售人员是否尊重、重视自己。

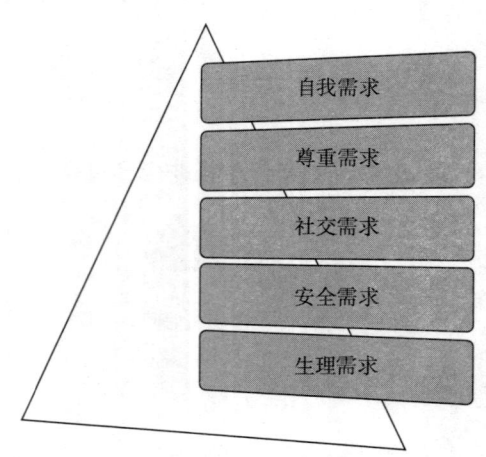

图 7-2 马斯洛需求原理

（2）追求物美价廉

一些顾客在乎的是自己付出和回报的对比，追求高性价比的商品。

（3）权威

并不是所有顾客都完全清楚自己想要买什么商品，他们的消息来源更多的是网络或者身边人的推荐。

把握顾客这三种主要的购买心理，可以从本质上把握顾客的购买动向，从而在大方向上掌握顾客的购买进程。

3. 判断顾客性格类型

了解了顾客的主要需求后，还要判断顾客的性格类型。通常情况下，顾客的性格主要分为四种：

（1）狮子型性格

这种性格的顾客说话语速较快，但声音平稳，做事效率高。这类顾客，其购买仅仅是一种单纯的行为。在销售过程中，他们一开始就会直入主题，并且只和你讨论商品的核心问题。

（2）梅花鹿型性格

这种性格的顾客虽然做事很爽快，但是它并没有像狮子型性格顾客那样给你带来压力，反而会给你一种亲切感。

（3）小白兔型性格

这种顾客一般说话平稳柔和，会配合销售人员的工作，属于非常有礼貌的那种类型，但是销售人员需要花费一定时间和他们磨合并引导他们。

（4）猫型性格

这种性格的顾客往往比较冷淡，经常在你详细认真介绍完商品后，简单地回应"嗯"或者"哦"。这类顾客会更注重于事实，虽对事情考虑很多但不表现出来。

4. 捕捉顾客的心理信号

了解了顾客的需求和性格，接下来就需要销售人员把握顾客的心理信号。

一个人的心理活动或多或少都会从他们的言行中表现出来，销售人员大致可以从三个方面捕捉顾客的心理信号：

（1）语言。顾客是否在一直重复某款商品，是否问到售后问题等。

（2）行为。顾客一直在翻阅某款商品的资料信息等。

（3）表情。微笑、表情专注都是顾客感兴趣的表现。

（这些信号我们在前面的章节中已经详细阐述过，在此不再赘述）

第 7 章 抓住可以成为长期顾客的行为信号

 会员心理诊断，帮助顾客成为想要的超级 VIP

真正的商品销售活动并非依靠投机，或者"一锤子买卖"。因此，我们要学习和探索销售心理技巧，真正做到站在顾客的角度思考，从顾客的利益出发，引导顾客去发掘其自身需求，发现商品的功能、优势、特点以及能给自己带来的价值，以最有利于自己的方式去购买获得商品，满足自己的需求。只有以顾客为中心的销售技巧才会真正与顾客建立起长久关系，既能保证对顾客服务到位，使顾客的需求得到满足，又能完成商业活动的目标。

有一种顾客关系叫超级 VIP 关系，即让顾客成为商家的超级 VIP，这样才能让顾客成为商家的长久顾客。

实际上，想让顾客成为超级 VIP，核心有两点（见图 7 - 3）：信任和价值。

图 7 - 3　顾客之所以成为超级 VIP 的心理路径

所谓信任，就是让顾客对商家的商品和服务产生充分的信任；所谓价值就是让顾客花钱后获得了超出商品价值之外的东西。把握这两点，就可以有条不紊地实施销售技巧，让顾客成为超级 VIP。

1. 满足顾客对商家信任的心理

顾客之所以能够成为商家的超级 VIP，是因为顾客在商家这里感受到了信任待遇。

例如，很多健身馆、瑜伽馆，因为经营不好而选择"卷钱跑路"，即携带会员的会员费关门跑掉，留下无处申诉的顾客。这样的商家不但没有信任，还触及了法律。相反，有很多做得不错的健身馆为什么就没有这种情况，反而是顾客拿着钱主动来要求加入呢？

因为这些商家有信任力。例如，在北京奥体中心有一家瑜伽馆，老板把工商局规定的《预付卡管理办法》和瑜伽馆已经办妥的手续证明都挂在了墙上。

当会员下课还回钥匙或者在休息区休息时，都能看见商家的手续证明。这样的做法，就是为了打消会员的顾虑，增加他们的信任，同时显示该瑜伽馆的合法性和正规性。

此外，该瑜伽馆还为顾客提供了很多细节上的服务，可以说，无论是师资力量，还是服务质量，这家瑜伽馆都带给会员满满的信任。

有了信任力，顾客自然愿意成为超级 VIP。

2. 满足顾客对额外价值的需求心理

要想让顾客成为商家的长期顾客，成为超级 VIP，还必须让顾客得到额外的价值。如下面立普顿的案例。

> 立普顿是立顿红茶的开山祖师。立普顿原本只是一位农民，当他有了一定积蓄后，开设了一家杂货铺，主要贩卖各种食品。因为善于经营，又懂得顾客心理，所以很快立普顿就成为一个食品批发商。

第7章 抓住可以成为长期顾客的行为信号

一年圣诞节前夕，立普顿为了让自己代理的乳酪畅销，想到了一个奇特的点子。

按照欧美传统，"如果谁在圣诞节前后吃的苹果里有一枚6便士的铜币，就表示他一年都能有好运"。据此，立普顿创新了一个新的做法：在每50块乳酪中选择一块装进一枚金币，同时散发传单，加强宣传。

很多人得到消息后，在金币诱惑下，纷纷拥进立普顿的杂货铺购买乳酪。然而，这种方式引发了同行的联合抵制。他们向有关部门控告立普顿的做法有赌博嫌疑。

聪明的立普顿又想到了新招，即在各经销门店张贴这样的一则广告："亲爱的顾客，感谢大家享用立普顿乳酪，如果发现其中有金币，请将金币送回，谢谢合作。"

结果不出立普顿所料，顾客不但不退还金币，反而更加踊跃地购买乳酪。不久，警方就认为这只是娱乐活动，便不再干涉。但是立普顿的同行依然不罢休，又以安全理由要求当局对立普顿乳酪进行调查。

立普顿又想到了一个招数，在报纸上刊登广告："由于警方有新的指令，故请大家在食用立普顿乳酪时，注意里面的金币，不可匆忙食用，以免误吞金币造成危险。"

这个广告表面上是为了听从警方的指示，但实际上却是一个更厉害的广告，人们更加踊跃地购买立普顿的乳酪。

通过这个故事我们可以看出，真正的商品不是纯粹的商品，而是有生命力的。这种生命力超出了商品本身的价值，顾客得到了额外价值就会对商家更加认同。由此，办理超级VIP就不在话下。

顾客主动询问你电话号码的心理轨迹

有一种行为表示顾客愿意成为长期顾客，即顾客主动询问销售人员的电话号码。顾客主动询问销售人员电话号码，至少说明了三点（见图7-4）：

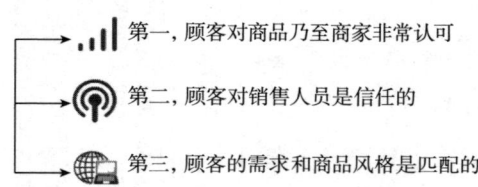

图7-4 顾客主动询问电话号码说明了三点

第一点，具体来说，就是商家的商品无论从质量、外观、流行程度等都是非常优质的，得到了市场的认可，如大品牌商品就比一般品牌商品更加有认知度。第二点，主要是销售人员个人的魅力征服了顾客。第三点是非常独特的，也是非常重要的，顾客一般很难在其他市场中遇到与自己个性风格绝对匹配的商品。因此，一旦顾客遇到某个品牌，就会倍加珍惜，即使相隔甚远，也会主动来购买。

商家满足这三点，顾客就愿意成为长期顾客。

第 7 章
抓住可以成为长期顾客的行为信号

1. 顾客主动询问电话号码时的心理轨迹

（1）留个电话号码，以后购买时方便提前预订

这种情况一般是针对销售人员而言的。例如，一位销售人员给顾客推荐了一款非常好用的沐浴露，顾客用完以后，觉得很不错，下次还要购买该品牌的其他日化品。但是却找不到销售人员留下的名片了。此时，顾客就非常需要一个电话号码。

（2）可以把电话号码推荐给好友

这是一个分享时代，人们发现一款好物时，往往会想分享给好友。这时候，需要的就是一个销售人员的电话号码或者联系方式。特别是在"消费商时代"，顾客也可以成为赚钱的一方。换句话说，顾客购买了一件物品，如果将这个物品分享给好友，且好友通过这种介绍购买后，那么提供分享的顾客就能获得一定的奖励金。

当然了，这需要有一个前提，那就是销售人员推销的商品必须在品质上有保障，这样才能赢得更多顾客的喜爱。

（3）留下电话号码，以后说不定能用上

很多顾客购买了满意的商品后，之所以还要销售人员的电话号码，不仅是因为上述两个原因，还可能只是想将号码放在"购物备用箱"中。

没错，几乎每个顾客都有一个"购物备用箱"，这里面有很多备用选择。例如，商品 A、商品 B、商品 C 等。这些商品也许都是顾客购买过的，各有各的好处，于是放在"备用箱"中，以后购物时备选。这也是顾客的储备心理在起作用。

2. 询问电话号码是顾客强化记忆的手段

记忆在顾客的心理活动中起着非常重要的作用。在顾客购买活动中，它具有深化和加速认识的作用，在一定程度上甚至决定着顾客的购买行为。

对商品销售者来说，特别注意选择商品的造型、色彩、陈列和宣传等

采取强化记忆的手段，是非常有必要的。因为新颖的造型、鲜艳的色彩等都可以给顾客留下深刻的印象，起到加深记忆的作用。

而对顾客来说，通过反复地接触商品和广告宣传，利用记忆材料，对商品进行评价，全面、准确地认识商品，最终做出正确的购买决策。此外，询问销售人员的电话号码也是一个强化记忆的手段，可以在翻看联系方式时，想起这个销售人员或者商品的信息，从而调动对该商品的记忆。如果商品回馈不错，顾客通常是会继续购买的，这就形成了长期关系。

在这里，我们需要了解艾宾浩斯遗忘曲线。

艾宾浩斯是德国著名的心理学家，他曾经做过一个实验：让实验者记忆100个陌生单词，进行测试。他得出了一个时间与记忆量的关系表：

时间间隔	记忆量%
刚刚记忆完毕	100%
20分钟后	58.2%
1小时后	44.2%
8~9个小时后	35.8%
1天后	33.7%
2天后	27.8%
6天后	25.4%
1个月后	21.1%

随后，艾宾斯浩根据这些数据描绘了一条曲线，即非常知名的解释记忆规律的曲线——艾宾浩斯遗忘曲线（见图7-5）。

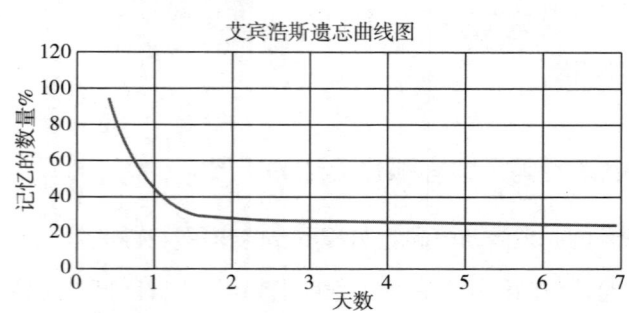

图7-5 艾宾浩斯遗忘曲线图

这条曲线告诉我们，记忆是有规律的，其遗忘的进程很快，并且先快后慢。观察曲线，你会发现，学到的知识，在一天后，如果不抓紧复习，就只剩下原来的33.7%，随着时间的推移，遗忘的速度会减慢，遗忘的数量也就减少。

一个回头客的大脑"双进程"

真正可以与商家保持长久关系的顾客,往往都是回头客。我们看到很多店铺,面积不大,装修不好,但是却总是有络绎不绝的顾客前去消费。我们也曾看到一些普普通通的网店,浏览人数和购买数量总是保持领先。仔细探究其原因会发现,回头客起着非常重要作用。

下面我们来分析一下回头客的心理:为什么频繁光顾一家店。

1. 商品的选择并非越多越好

无论是实体店还是网店,顾客往往都会在购买到满意的商品后成为回头客,特别是在网络盛行的今天,电商平台甚至可以做出"浏览过的商品""购买过的店铺"等标记,这说明了什么呢?

曾经有一种言论,认为电商平台的成熟让消费进入了一个"比较"的时代,人们会通过搜索、排序找到自己更满意的产品。这种说法如果是正确的,那么显然是和"回头客"的概念是相对立的。

我们来看一下关于"搜索引擎无用论"的话题。

当我们搜索一个关键字的时候,如果搜索结果是很高的数量级,那么这个海量的搜索结果对我们的帮助其实并没有实际价值,我们关注的依然只是前几条或者前十几条结果。

不仅如此,还有更可怕的事情。我们面对着成千上万条搜索结果无从下手,最终可能直接放弃。

当顾客去商场购物时,几乎很少有人能够耐心听销售人员完整仔细地介绍新品。通常,顾客会直接奔向那些一眼就相中的商品。在网上购物时,顾客也很难真正把搜索到的同类商品全部比较完。

这一切的结论就是,商品的选择,未必是越多越好。

我们必须了解这个大前提,才能更好地理解"回头客"的心理历程。

2. 一个回头客大脑的"双进程"是什么样的

我们为什么愿意做回头客?

这其中包含着两个进程:

第一,因为我们曾经消费过的商家的产品、服务让我们满意;

第二,"反比较"心理在作祟。

对于第一点,其实很好理解,我们会觉得曾经购买的商品或者服务让我们非常满意,我们希望继续获得满意的商品或者服务。很显然,这是回头客大脑表面的一个进程。

第二点才是实际的原始动机,那就是"反比较"心理。换句话说,我们想减少自己的选择,或者说是想减少自己花在选择上的时间(见图7-6)。

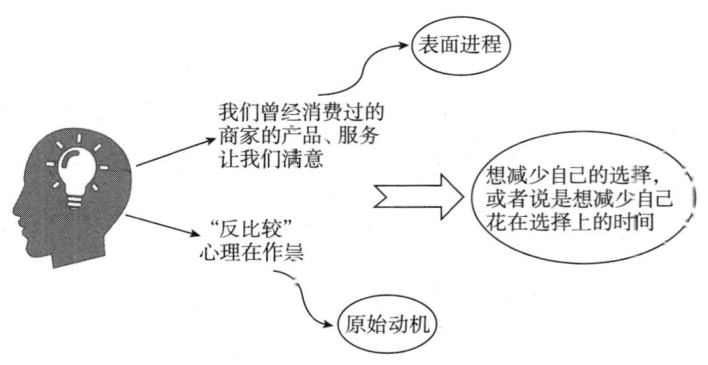

图7-6 回头客大脑双进程图解

假如你是一个回头客,仔细思考一下,在你所有的回头消费经历中,你是不是能百分之百确定你所频繁光顾的商家的商品就是最好的？你是不是可以确定你在这家店买到的商品就是同类产品里最优质的呢？答案是不确定的。

从商业心理学来分析，顾客在购买的过程中，对产品和服务的要求是永远没有上限的，总是希望所购买的商品的品质越高越好、价格越低越好。但是，在顾客的心里同时也存在着一条便利的"及格线"，即绝大多数的"回头客"的选择并不是"最优心理"，而是认为自己的消费回报达到"及格线"而已。

举个简单的例子，假如你需要在网上买一双篮球鞋，前提是你并不是某个品牌的粉丝。这时，你有一个初步的购买意向：

第一，预算在300元以内；

第二，高评在90%以上；

第三，外形过得去；

第四，耐穿实用。

你会怎么选择？

你会把所有符合标准的鞋子都选择出来，然后一双一双、一个参数一个参数地比较吗？恐怕不会。大多数顾客的选择是在自己购买过的品牌内做出选择，而且通常在浏览过10双鞋子内就做出了购买决定。

当你做决定时，你认为这双鞋已经能够满足你的购买意向了，还是认为这双鞋就已经是你要求之内最完美的了？很多时候，销售人员总认为要提供的是"完美解决方案"，但更多的时候，我们看到的是各个商家所推出的商品给顾客的选择都是有限的。这里面，我们最应该想到的是：顾客想要的并不是选择的过程，而是选择的结果。

这就是回头客的大脑"双进程"。销售人员也好，商家也罢，必须掌握顾客的这种心理变化和选择历程，才能有的放矢。

第7章
抓住可以成为长期顾客的行为信号

 是什么心理，让他浏览店铺官网

为什么很多顾客在购买行为发生后，会持续光顾商家的官网呢？很简单，主要有两个心理因素：第一，喜欢这家品牌的商品，想获得商品的更多信息；第二，想通过官网提前了解品牌动向、搜索新品、获得后端的利益或者服务。

无论什么原因，都表示顾客愿意与商家达成长期的关系。作为商家，必须知道是什么心理促使顾客去浏览店铺官网。只有搞清楚这一点，才能更好地引导顾客消费。

1. 顾客喜欢在网站中捕获跨界且有创意的东西

为什么很多顾客会对一个品牌情有独钟，流连于网站中？原因是他们喜欢捕捉网站中有创意的东西。

下面我们以奢侈品品牌Gucci为例，看一下该品牌是如何通过网站留住顾客的。

2018年1月，知名的研究网站流量的数字公司SimilarWeb发布的年度报告指出，Gucci是2017年线上表现最好的奢侈品品牌。

报告指出：2017年全年，Gucci官网的单月流量持续增长，2017年12月的访问量创新高至470万次，而2016年同时段只有190万次。2016年多数月份的访问量至少比2017年同时段少100万次。同时，Gucci网站的弹出率，即只看一个页面就离开的访问者比率也有所好转，从2016年的41.4%降低至2017年的34.1%。

这样的访问量变化主要源于有机搜索的增长，即在搜索引擎输入关键词后跳转至网站，这一情况占Gucci总访问量的41.6%，直接搜索占比25.5%。外部链接和意见领袖网络也与Gucci的网站访问量增长息息相关。2017年，Gucci 10%的访问量来自外部链接。其中rewardStyle是最主要的来源。不过2017年12月，贡献最大的外链来自Polyvore.com和Lyst.com。

相较于Louis Vuitton、Chanel、Burberry、Versac、YSL等品牌，Gucci全年线上访问量市场份额增长了12.2个百分点，从2017年1月的21.6%增长至12月的33.8%。2017年12月，Gucci的访问量远超竞争对手Louis Vuitton，后者当月的访问量仅为290万次。

同样获得零售品类Momentum Awards的还有美国按月订购时尚电商Stitch FiX，及日本快时尚品牌优衣库。尽管2017年多数时间Stitch FiX的访问量高于Gucci，但因假日季节网站改址，12月访问量下滑至250万次。优衣库的网站访问量居三个品牌首位，2017年的月访问量介于400—900万次，但Gucci胜在参与度。

2017年，三家公司网站的人均浏览网页数量如图7-7所示。

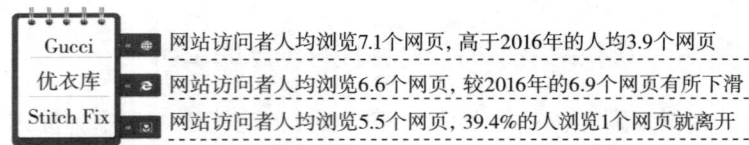

图7-7 三家公司网站人均浏览网页数量

为什么Gucci的网页浏览度如此高呢？

自2015年，Gucci迎来了新的创意总监Alessandro Michele，Gucci便有了全新的品牌愿景。Alessandro Michele将自己"疑幻疑真文化"融入设计和营销战略，促成了很多创新的跨界合作，为Gucci带来不少新粉丝。绝大多数的线上粉丝都喜欢在Gucci的官网上寻找创意跨界的信息和新品动态。例如，Gucci 会联合好莱坞的明星或者欧美最热的流量歌手推出一些跨界创意作品，甚至还联合拍摄歌手的 MV，或者推出创意微电影等。这些跨界信息都让顾客对品牌网站流连忘返。

2. 绑定官网获得更多优惠和长久利益

很多顾客之所以会长久关注网站，是因为能够在网站上获得长久利益。例如，绑定官网成为会员，就可以享受折扣、免运费、退换货、生日好礼等。这些都是在实体店中难以享受的优待。

因此，企业想让顾客在官网上驻足，需要给顾客一定的好处。例如，京东的 PLUS 会员制度。

京东的 PLUS 会员只需要用户交 168 元，即可成为一年的会员。PLUS 会员专属特权如图 7-8 所示。

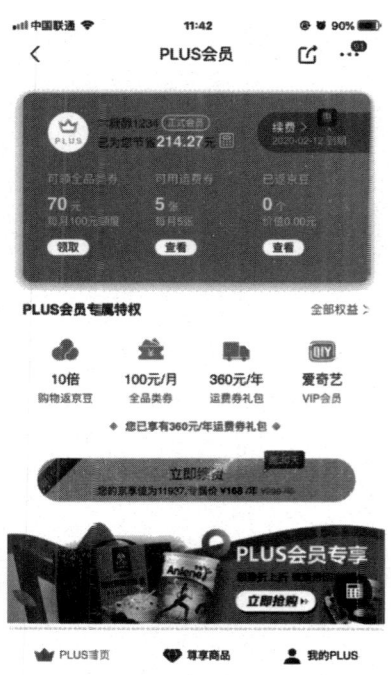

图 7-8　京东 PLUS 会员专属特权

（1）10倍购物返京豆；

（2）每月100元全品类优惠券；

（3）运费券礼包；

（4）爱奇艺VIP会员。

此外，PLUS会员还有很多专享券，如生活特权购物、火车票免费抢票、PLUS限时购、京东精选，等等。

有了这些独特的优惠和特权，人们更愿意去官网浏览，而且很多品牌还会在官网推出一些定制的独特商品供线上会员限时购买。这些优惠会让顾客愿意浏览官网，成为品牌的忠实粉丝。

第8章
发展为高消费大客户的行为信号

不是每个顾客都能成为大客户,需要学会洞察能发展为高消费大客户的行为信号。这就需要销售人员了解顾客从需求到欲求的心理历程,从单品采购到项目采购的行为变化等相关购买信息,从中寻找潜在的大客户。

顾客由需求变为欲求的心理历程

顾客在一开始购买商品时,先是因为需求(尤其是刚需),所以快速购买。但是很多时候,顾客在购买行为中,所购买之物已经由刚需转变为了软需,甚至顾客已成为品牌的忠实粉丝,只要品牌有新品就想购买。

在心理学上,这种行为已经不是单纯地依据需求购买,而是由需求转变为了欲求心理。

1. 顾客由需求变为欲求的心理历程

在新时代,顾客的购买行为发生了很大的变化,这主要是一种新消费的概念。什么是新消费?概括来说,就是从价格到价值的变化。也就是说,顾客花钱不再是因为这个价格合适,而是因为买到了合适的价值(见图8-1)。

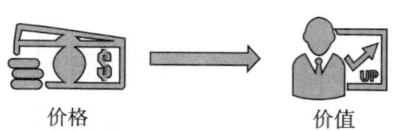

图8-1 价格到价值的转变

例如,一位顾客从未参加过马拉松,但是参与健身后,这位顾客开始参加大大小小的马拉松比赛。例如,第一次参加半程马拉松比赛,为了这个半程马拉松比赛,该顾客花了几千元购买跑步装备。

在这个过程中,这个顾客的购买主要体现在价值上。

和原来单纯的需求购买相比,当下的这种欲求消费,就是从传统经济到共享经济,从功能到价值的转变。原来顾客购买的只是一件商品,现在购买的是时间、是兴趣、是梦想,这些都是在顾客的欲求购买过程中产生的。

从顾客的需求到顾客的欲求,这其实是顾客自己用钥匙打开其心理大门的一个过程。如果我们仔细观察顾客群体,特别是未来市场的主流群体,即"90后"群体,他们内心呈现什么样的想法?又有什么样的需求呢?

实际上,对这部分顾客群体来说,需求只是底层的物质满足,但是欲求更多的是他们内心想要的。从品质、兴趣到社交,我们发现新顾客群体的购买动因从关注物理功能转变到兴趣情感欲求,从原来的衣食住行娱乐转变到社交、亲子、兴趣、自我实现等。

2. 如何将顾客的需求转换为欲求

购买需求对于顾客来说也许仅仅是需要,但是通过商家的各种营销手段却能将需求转换成欲求。所谓欲求就是催生出的一颗非常强大的渴望之心,不论代价如何,它都必须被满足。下面是满足顾客欲求的几种方法。

(1) 让顾客获得"战利品"

成功获得折扣的顾客会更重视那件商品。这是人们的"基本归因错误",即当强化的情感从那种导致他们发生的情境被转移到另一件物品或是人身上时,这种效应就会产生。

获得战利品的过程是令人兴奋的,顾客会误以为是这件战利品本身让自己兴奋,所以会更喜欢这件战利品。

(2) 稀缺效应

"物以稀为贵",限量版的商品总是能让人热情高涨。心理学研究表明,争抢一件商品的人越多,每位竞争参与者想得到它的渴望就越强烈。

这种现象可以用心理学的"认知失调理论"来解释（见图8-2）。

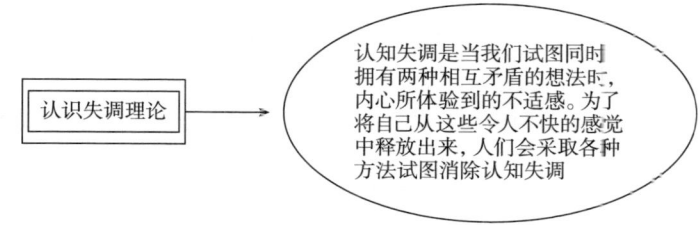

图8-2 认知失调理论

（3）打造玩乐空间

人们在迪士尼乐园里游玩时，总是会纷纷购买纪念品。因为人们在游乐园里购物，身心都体验到了快乐和乐趣，那么对那些喜欢的东西就想购买下来。这时，购买游乐园纪念品就如同购买乐趣或者记忆。这是人们非常愿意做的事情。

（4）建立情感联结

很多顾客在车站候车厅或者机场候机大厅时，容易无聊，这时候，总是想做点什么转移注意力，或是感到紧张并尝试找点事情来做让自己安心。结果人们就会把时间和金钱花在购物上。与其说他们是在买一件商品，不如说他们是在经历某种特别的情感体验。他们的欲求不仅是买到东西，还有与他人的接触、交流。

（5）内容人格化

为商品搭建人格化的外衣，可以给顾客带去心灵上的认知。例如，西贝集团曾推出一款叫"满满元气"的枣糕，西贝做了十二生肖、十二星座，还有很多结合热点的产品。这些产品都非常可爱，而且全都是场景化，甚至可以按照顾客的想法来定制。

首先赋予它时尚的品牌外形，它的核心价值传递的是手工制作、天然、现做现卖。其次，西贝把这种正能量通过"蒸"放大，通过蒸糕表达出来，在所有的受众里进行传播，有满满的祝福，有满满的希望，也有满满的想象力。这样的做法就给顾客带去了欲求，一块枣糕并非顾客一定需要的，但是其内容的人格化，却给顾客带去了必买的欲求。

不只是品牌热衷度，还有追求潮流的心理

洞穿那些大客户的购买行为其实很简单，那就是把握他们对品牌和潮流的追求心理。

比如，一个年轻时尚的男孩，非常喜欢潮牌运动休闲服装。他对品牌的追求非常痴迷，耐克、阿迪达斯、彪马、锐步等各种运动大牌都是他的最爱。他一年购买 AJ 球鞋的费用不低于万元。他不仅对品牌有热衷度，而且追赶潮流的心理更是强烈。例如，耐克和某品牌跨界推出了一款新的"老爹鞋"（2018 年时尚流行爆款），尽管售价不菲，但是他仍然花钱购买，追赶潮流。

所以，把握这类顾客的购买心理，就可以发展这种顾客成为商家的大客户。

1. 把握顾客求美的购买动机

所谓的追求潮流，实际上是顾客对审美需求的一种动机，在商业心理学上就是求美购买动机，即以追求商品的艺术价值和欣赏价值为主要目标的购买动机。具有这种购买动机的顾客特别重视商品本身的流行程度、造型、艺术美，甚至对环境的装饰也非常关注，而对商品本身的使用价值并不太重视。

出于这种心理，顾客会把钱花费在那些流行精美价格高昂的物品上。例如，艺术品、爆款商品，等等。譬如，很多喜欢苹果手机的"果粉"，每年苹果出新品时，都会换掉自己的旧手机，购买一部新的 iphone。

2. 与潮流时尚有关的心理需求型类

我们需要明确顾客追求潮流心理时的一些类型。

（1）为品位购买的心理需求

中国的顾客不再局限于追求名牌，过去的"暴发户"群体也慢慢减弱，取而代之的是对品位的贩买。

随便一杯星巴克咖啡，都是几十元，而很多顾客并不觉得贵，反而会经常约朋友去星巴克聚会。

显然，价格在未来的购买行为中越来越不是首要考虑因素，而整体品牌或店铺的潮流和流行程度给顾客的价值感越来越重要。

（2）以兴趣为主导的心理需求

马云曾开设了中国第一家无人超市，而且这家无人超市生意非常"火爆"；这说明顾客要的是一个自由舒适无"干扰"的购物体验空间。

顾客无须再听销售员解说，而是根据卖场各种陈列信息的引导购买。顾客也不再喜欢一进门热情似火的端茶倒水式招待，而是喜欢无拘无束的来去轻松自由，逛完这家逛下一家。这说明传统的推荐式销售已经在慢慢变为兴趣引导。这种购物方式就是单纯地为了兴趣而花钱，所以也通常是与价格无关的。

（3）顾客的喜欢越来越重要

很多时候，只要店铺装修风格高端大气，商品流行个性，即便是贵，顾客也愿意买单。

这种在精神上靠近顾客的销售方式也越来越流行，过去商品依赖的实惠、耐用、朴素、自然等优势早已经在潮流舞台中暗淡下去。

（4）追求商品的卖相

现在是一个卖相刺激消费的时代。

根据消费心理学研究表明：人的购买行为有 75%～90% 受视觉主导，这充分可以说明视觉主导消费的重要性。

不要以为有实力就可以忽略卖相。卖相，对于现在的营销来说非常重要。你的商品时尚，走在潮流前端，就容易引发热销。

只要能让顾客看到卖相好的商品，就能很好地刺激顾客购买的需求。视觉营销，就是先吸引眼球，然后激发兴趣、刺激想象，最后引导顾客购买。

（5）追求个性化的心理

过去跟风消费很盛行，顾客追求与名人消费同步，特别体现在服装、鞋帽、数码商品等消费领域。

如今，人们开始注重个人感受，越来越强调定制化和个性化，就算单品是潮流款，但是穿搭也一定要突出自己的个性。换句话说，顾客已经学会了根据自己的风格购买商品，因此，追求个性化的购买也成为消费的主导因素。

第 8 章
发展为高消费大客户的行为信号

 对比后,还依然选择华美外表的商品

顾客在购买行为中,通过对比选择中意的商品,这是很平常的事情。但是如果顾客出现了下列行为,说明其可以发展为大客户。这个行为就是:顾客对比商品后,还会选择华美外表的商品。

这是什么心理呢?

这主要是顾客追求审美的心理。爱美之心,人皆有之,随着生活水平的提高,顾客对华美物品的追求越来越强烈。例如,那些装饰品,虽然并无实际用处,但是却可以满足人们对美的需求。

来看一下瑞士手表 Swatch 的成功案例。

> 瑞士手表向来以高品质和高价位著称,如劳力士、美化、隆奇等品牌。这些品牌手表一直占据着高档手表市场。然而,受到日、韩等厂商出产的中低价位的手表的冲击,瑞士手表在一段时间内出现了走下坡路的状况,特别是在亚洲市场,失去了往日的风光。
>
> 1981 年,瑞士最大的手表公司的子公司 ETA 开始了一项计划,推出了 Swatch 手表,并迅速风靡全球。为什么这款手表能够风靡全球呢?

该手表没有走高价路线,而是以华美的设计款式和低价位的配合来销售,虽然价格略低于往日高档手表,但是这款手表却不失高格调定位。该款手表主打时装表,吸引的是那些追求潮流时尚的年轻顾客群体。

这款手表风靡市场后,每年都会推出新款手表,以至于人们都焦急地期盼新品出现,甚至将其当成收藏品。

在美国,Swatch手表最初在珠宝店和时装店销售,后来进驻高档商场专柜,但是不进入批发市场。顾客可以在专柜中欣赏品牌的产品设计,这就从整体上拉高了该手表的高格调。此外,Swatch手表还在每种款式推出5个月后即停止生产,所以这款手表也成为了"现代古董"手表。

Swatch手表的成功,蕴含着顾客选择华美商品的原因,见图8-3。

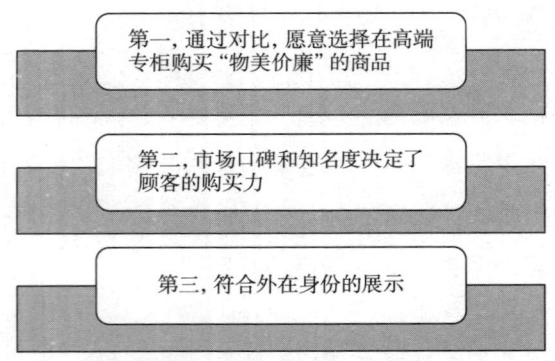

图8-3　顾客选择华美商品的原因

由此可知,商品的设计包装以及定位对顾客的购买行为有很大的影响。商家想发展大客户,必须从这方面出发。

1. 商品设计包装与顾客心理的联动

首先,我们来看一下商品的设计。

随着科学技术的不断发展,新商品不断出现。因此,研制或者改进能够满足顾客实际需要以及心理需要的新商品,是关系到商家能否在竞争激烈的市场中求得生存和发展的重要问题。

顾客在购买商品时,既有生理动机也有心理动机,在二者的共同作用下,促成了购买行为。随着生活水平的提高,心理动机在购买中显得越来越重要。因此,对商品的设计应该着重考虑以下几个方面。

(1)便利

商品要便于使用、维修和操作等,这是顾客普遍存在的一种心理需要,也是购买新商品时经常思考的因素。例如,空调、冰箱,以前需要遥控板操作,如今只需要连接手机或者增加一块触摸屏就可以便利操作。

(2)审美

满足顾客的基本需要外,商品设计除了要符合顾客的审美情趣,还要考虑美观和外在的表现形式。

(3)时尚

时尚主要是指社会上流行的潮流,在顾客购买中主要表现就是人们对新潮商品的追求。这既是顾客顺应潮流、从众心理的需求,也是求新、求美心理欲求的购买趋同。

(4)个性

通过独特个性的新商品满足个人的个性心理需要。例如,通过价格昂贵、款式华美显示身份高贵、地位显赫等。

其次,我们来看一下商品的包装。

成功的包装是引起顾客注意、诱导顾客购买的基础。在包装设计中,不仅需要良好的包装材料,还要结合心理学、美学、市场营销等基本常识,进行包装心理性能方面的设计。通常来说,需要如下几点。

(1)突出商品形象

美观实用的包装外观虽能吸引顾客的强烈反应,但是大多数顾客更注重内在商品,特别是那些结构独特、挑选性强、对比性强的商品。因此,包装手段要多样,能直接或者间接反映商品的特点。这样突出商品形象,既满足了顾客的习惯心理,同时还能充分借助外在包装进行品牌宣传。

(2) 具有艺术性

顾客购买商品，不仅是为了满足对商品使用价值的需要，还希望得到一种艺术上的心理享受。同时，受社会环境和时尚潮流的影响，顾客从心理上也希望自己购买的商品属于新潮。

(3) 反映商业信誉

顾客在购买过程中，经常顾虑商品在使用时能否达到心理预期，能否在功能上满足需要。因此，商品包装设计应该切实反映生产者的信誉，消除顾客的顾虑，提高顾客对商家和商品的信任感，促进商品销售。

(4) 让顾客产生美好联想

不同的顾客由于文化、民族、地域、年龄、收入等不同，对同一商品也有不同的理解。因此，商品包装设计时需要考虑差异因素，让顾客产生美好的联想，避免负面联想。

2. 注重市场定位对顾客心理的影响

随着卖方市场向买方市场的转变，商家越来越重视商品的市场定位。一个商品销售得好，一定有其独特之处。找到商品最有价值的地方，将其放大，再按照不同方式进行销售，这就是市场定位的作用。

换句话说，你需要用差异化给顾客一个购买的理由。

当顾客面对两个同类商品时，会进行对比，然后，在其中一个商品中如果发现具有独特性的差异化，且恰巧这个差异化符合顾客的心理需求，那么这个商品就是他要购买的。

只有使商品的定位与顾客的心理需求保持一致，定位才算成功。

我们举个简单的例子——中国人购买汽车的心理。受传统文化影响，中国汽车消费市场呈一种与国际主流汽车市场相悖的方向发展。因为中国人购买汽车更多的意义在于凸显社会地位和阶层。调查表明，中国人购买汽车时衡量的主要因素顺序如下，见图8-4。

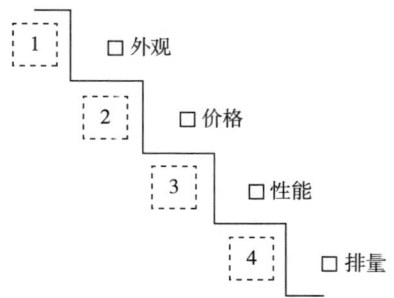

图 8-4 中国人购车时衡量的主要因素顺序

为此，日、韩很多汽车公司为了快速占领中国市场，而为中国顾客提供了一批符合这一心理需求的汽车设计定位。因此，定位是一种心理策略。把握好顾客的这种心理需求，做好定位，就能够将顾客发展成为大客户。

从单品采购到项目采购的行为路径

销售人员要敏锐地发现哪些是大客户。我们先来看一下什么是大客户。

大客户，通常是指重点顾客、优质顾客、关键顾客、系统顾客。这些顾客一定是能为商家带来较大收益的高价值顾客或者具有高价值潜力的顾客。他们的交易次数也许并不高，但是采购额却往往占据商家营业额的大部分，可以说他们对商家具有良好的忠诚度。这些顾客也往往能够认同商家的文化，愿意与商家保持长期合作关系（见图8-5）。

图8-5　大客户与商家的关系

这些大客户都有一个明显的特征，那就是通常由单品采购转变为项目采购。

第8章
发展为高消费大客户的行为信号

1. 大客户在采购方面的特征

（1）采购量大

这类顾客在采购时，可能频次不高，但是采购量却很大，占据商家的营业额也很大。并且，这种采购存在持续需求，对商家的贡献率极高。例如，有些酒店采购经理会与某服装厂商合作，达成批量采购意向。

（2）采购较多表现为项目采购方式

这类顾客在采购时，还表现出两个特点：有计划性、集中性强。这类顾客往往代表的不是个人，而是组织、机构、部门、企业等。

（3）注重商品附加值，对价格敏感度较低

这类顾客在采购时，更注重商家的服务能力和全面业务解决方案的提供。换句话说，他们在乎的是商品的附加值，而对价格的敏感度相对较低。

（4）具有良好合作理念

这类顾客在采购时，重视与商家建立长期稳定的合作关系。他们的范围不仅是指那些经营性公司的最终商品使用者，还包括经销商、代理商等单位。

因此，遇到有这些行为表现的顾客，我们可以基本判断他们属于大客户。明确了大客户的特征，接下来，我们就要发展这类顾客。应该如何发展呢？

2. 发展大客户的方法

第一，进行科学的市场调研和顾客管理工作。

商家的市场工作人员最好按照贡献率的高低进行顾客的等级分类。此外，还要对大客户进行筛选。

（1）制定科学的分类评价标准

例如，可以根据采购数量、价格、利润水平、采购频次、服务成本、合作理念等因素分类。

（2）准确的顾客信息调查和市场细分

商家的销售人员需要准确并详细地进行顾客信息调查，并展开市场细分管理。顾客的资料以及真实性，通常是来自销售人员对顾客的现场索取或者调查判断。

第二，制定大客户营销配套策略。

与大客户打交道的最直接人员就是销售人员。因此，在执行层要有一套完整且清晰的大客户营销配套策略。例如，制定大客户管理制度和年度工作规划，并且要保持合理必要的费用预算，保证资金投入使用。

第三，关系营销。

关系是联络大客户的重要因素。因此，商家与大客户之间要建立一种稳固的合作联系，获取顾客的高度信任。除了销售人员在具体的营销工作中与顾客建立个人情感关系外，企业还应该与大客户之间采取必要的关系维护。例如，定期开展顾客技术交流会，组织高峰论坛、业务洽谈会、新品推广会，等等。通过这些服务，有计划地与大客户进行互动走访，达成稳固关系（见图8-6）。

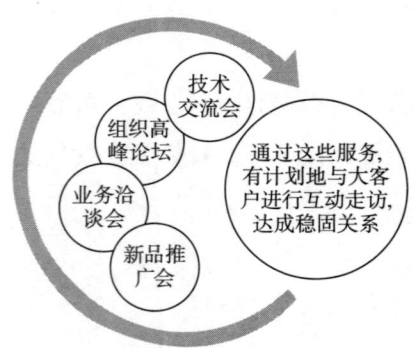

图8-6　与大客户的关系营销

第四，实施差异化营销。

差异化营销分为商品的差异化和服务的差异化。面对大客户，商家需要为不同的顾客群提供不同的服务和商品。商品的差异化主要是为满足不同等级的大客户提供不同的商品。只有这样，才能更加吸引顾客购买。本质上，其实是采用创造需求的办法争取潜在顾客并稳定老顾客。

服务的差异化是一个更加有效的策略，商家可以通过手中已掌握的大量有效的顾客资料，对那些高端、贡献值大的顾客实施差异化、个性化的服务，实现商家利益的最大化。

第五，搭建高素质的顾客管理机构和业务人员。

大客户的营销模式与传统中小顾客的营销是有区别的。因此，商家要建立专门的顾客管理机构，如顾客关系部、顾客管理部、大客户服务中心等，并且还要配备高素质的顾客经理。对于门店销售的业务员也是如此，要配备高水准的业务人员，形成良性、协作的发展局面。

看穿顾客追求名牌的心理，从贵重物品下手

很多顾客都有追求名牌的心理。这种心理也会促使顾客加大消费，购买昂贵的名牌商品。

例如，一对情侣为结婚而购买家电。在商场，无论是电视、冰箱、洗衣机还是空调。他们购买的商品都是大品牌，甚至在名牌区域中选购，也会选购相对价格高昂的那一款。

显然，这种顾客追求名牌。针对这类顾客，销售人员要及时发现并且学会对这类顾客进行单独推销，将其引导到贵重的商品上。

1. 求名心理分析

求名心理是指相当多的顾客在购买产品时，喜欢选择自己熟悉的产品，而在熟悉的商品中，又特别喜欢购买名牌产品。

在顾客的购买行为中，名牌代表的是标准、高质量、高价格以及身份地位（见图 8-7）。

第 8 章
发展为高消费大客户的行为信号

名牌代表的是标准、高质量、高价格以及身份地位

图 8-7 名牌在顾客心中的重要性

顾客通常会为了追求商品的质量保证，或者为了弥补自己对商品知识的不足而选购名牌商品。当然，也有些顾客购买名牌是为了炫耀或者显示自己与众不同的身份和地位，以求得到心理上的满足。

具有这种心理的人，普遍存在于社会的各阶层，尤其是在现代社会中，名牌效应深入人心，无论是吃穿住行各个方面，都追求名牌。追求名牌不仅能够给顾客带去生活质量上的提高，还能抬高一个人的身份地位。

2. 当顾客询问名牌时

很多销售人员不知道如何才能观察出哪些顾客具有求名心理。实际上，有一个很明显的行为，那就是当顾客询问你名牌商品时。

例如，下面这个场景。

> 某美容店内一位顾客在消费。
>
> 该顾客想选择一款美白肌肤的商品，在各种商品前逛来逛去。销售人员看顾客穿着打扮精致，推想应该不会在乎价钱。果不其然，没过多久，顾客开口问道："有没有大品牌的美容产品？"
>
> 销售人员及时推荐了一款日本的大牌美容丸，说："这是日本著名的宝丽（POLA）的胶原蛋白美白丸，主要功能是健康美白提亮肤色，非常适合您的需求……"
>
> 这位顾客看了看介绍，拿出手机查了一下关于这款商品的介绍，最后认定是大品牌之后决定购买。
>
> 销售人员由此也拿下了当日最高销售额冠军。

所以说，销售人员要及时观察顾客的行为和释放出的信号。当然，询问名牌的不一定都能购买，但是可以综合观察顾客的穿着打扮和特点，来选择推荐的商品。

3. 面对"暴发户"顾客时

在销售中，销售人员经常会遇到"暴发户"式的顾客。这样的顾客有哪些特点呢？

第一，不在乎价格；

第二，只买最贵的；

第三，成批量购买；

第四，购买 logo 最明显的商品。

此外，这类顾客自身也有一些"暴发户"的特点，如说话大声，刻意突出自己"很有钱"；穿衣风格比较浮夸和华美；对商品知识往往不了解；听从销售人员的推荐；等等。

很多"暴发户"顾客喜欢名牌加身，这类顾客在人群中非常显眼，销售人员一眼就能看出。因此，面对这类顾客，销售人员要投其所好，向其推荐质优价高的名牌商品。

第8章
发展为高消费大客户的行为信号

 隐秘购买的顾客一定不在乎钱

什么是隐秘购买型顾客呢?

不知道你有没有遇到过这样的购物场景:在一个大商场内,有的顾客带着口罩、墨镜,悄悄地在一旁选购。当销售人员上前推荐时,顾客总是闪躲、礼貌地拒绝。但是这种顾客通常会将自己的购物车悄悄填满,然后走到收银台前,快速结账。在这个行为中,顾客通常是不看价钱的。

这样的顾客就是隐秘购买者。他们也许是公众人物,也许是低调的有钱人。总之,有这种心理的人,购物时不愿为他人所知,常常采取"秘密行动"。

很显然,这种顾客正是销售人员所期盼的"大客户"。

1. 只在乎购买速度

作为销售人员,如何发现这类隐秘顾客呢?这一类型的顾客不在乎钱,只在乎购买速度。换句话说,越快结束购买越好。

你身边是不是也有这样一类人,他们要么不外出购物,要么外出就选购一大堆的物品。特别是在超市,他们往往会在家里的"存货"全部用完时,然后列一个购物清单,前往超市快速地根据清单购物。

在这个过程中,顾客通常会表现出以下几个小细节:

第一，只选择自己使用过的商品或者品牌；

第二，只选择购物清单上的商品；

第三，只认准自己以前去过的店铺。

这些特点都说明了这种顾客会成为商家的大客户。因为顾客没有时间选择其他种类的商品或店铺，他们希望可以减少选择。在网络购物中也是如此，这类顾客甚至会向好友征求网站，然后一键下单，在这个过程中，很少因为价钱而辗转选择。

因此，销售人员抓住这类顾客的特点，然后有选择地进行推销名牌或者销量大的品牌，这样就能拿下这个大客户。

2. 在乎商品品质

大客户不在乎钱，但是却很在乎商品的品质。这样的顾客通常都很有钱，但是绝对不会把钱花在无谓的对象上。这类顾客非常在乎商品的品质。他们在同类商品面前，通常是买最贵、最好的。

因此，商品品质是这类顾客关注的要点。推销时，销售人员可以给对方推销名牌、贵重、稀有的商品。这类顾客往往没有那么多时间精挑细选，往往会直接买单。

3. 喜欢无风险大购买

这种大客户通常在一个大前提下选择大批量购买，那就是无风险。有这样一个故事：

> 有位大亨想给女儿买一匹小马。在市场上，有两匹小马出售，从各方面来看，这两匹小马都没什么差别。第一匹小马的售价是500英镑，如果想购买，一手交钱一手交货，直接牵走就行。第二匹马售价700英镑，可以先试骑一个月，而且在这一个月之内免费提供草料，并让驯马人定期教顾客如何喂养小马。一个月

后，如果顾客不买马，商家还负责打扫马舍。最后，大亨选择了第二匹小马。

为什么顾客愿意多花费200英镑呢？

这是商业活动中心理学的运用。商家运用的是典型的"无风险购买"原理。无风险购买就是将顾客所有的风险因素从心理上弱化甚至去掉，而将可能给顾客带来好处的因素尽量放大，让顾客从心理上得到最大的满足感和安全感，从而放心高价购买。

附录

专业解析顾客的购买行为

附录 1　顾客表情里暗藏的购买信息

人的面部表情不是容易捉摸的,人的眼神更难猜测,但是销售人员仍可以从顾客的面部表情中读出购买信号。

1. 顾客的笑容可以解答他内心的购买秘密

(1) 含笑

含笑是一种程度最浅的笑,做出含笑的表情往往不会出声,不露齿,仅是面含笑意。意在表示接受对方、待人友善。

在购买行为中,一般的顾客为了表示礼貌,都会含笑对待销售人员,即使不喜欢销售人员的商品也不会怒目而对。这种顾客一般不会购买,他只是礼貌性地回应你。

(2) 微笑

微笑是一种比含笑的程度稍微深层次的笑。它的特点是面部有了明显变化:

通常是唇部向上移动,略呈弧形,但牙齿不会外露。这是一种典型的自得其乐、充实满足、知心会意、表示友好的笑,在人际交往中,其适用范围最广。

顾客一旦对销售人员做出微笑的表情,说明顾客的态度是友好的,性格也易于接近。特别是一向十分严肃的顾客如果某次终于对你报以微笑，那么从心理上他是认可你的，想和你进行交流，这里面包含了很大的成交可能性。

（3）大笑

大笑是一种很深层的笑，面容变化十分明显：嘴巴大张，呈现为弧形；上齿、下齿都暴露在外，并且张开，还会发出"哈哈"的笑声。这种笑多见于兴奋开心时刻。大笑往往说明顾客很尽兴，很满足，内心充满极大的愉悦。这时销售人员适时地提出成交要求，会有很大成交概率。

（4）苦笑

苦笑一般出现在感到比较为难又无法解决的时候，表现了顾客内心的一种无奈和难过。在购买过程中，如果销售人员给了顾客很大压力或者条件很苛刻时，顾客通常会露出无奈的苦笑。

这时，销售人员不能够再给顾客施压，否则很可能错失一个交易机会。销售人员应该真诚地为顾客提供解决方案，帮助顾客寻找两全其美的方案，解除他的无奈和苦恼。这样才会得到顾客的感激和信任。顾客对销售人员有了信任，订单才会完成。

2. 一个眼神出卖顾客的购买行为

眼神可以传递出顾客内心深处的很多信息。善于观察顾客的眼睛，发现顾客的内心，对销售工作的顺利开展有很大的帮助。看顾客的眼神行事，重视顾客的感觉和反应，从中获得关于顾客内心情感的准确信息，从而把握顾客的心理，这样才能科学地应对各种状况，赢得顾客的信任和好感，使销售顺利进行。

（1）眼神左顾右盼

顾客在与销售人员交流时，如果出现眼神左顾右盼的变化，可以分别分析其代表的不同含义：向左瞟表示顾客可能在回忆他经历过的购买行为；向右瞟可能代表顾客正在编织谎言，虚构未发生的事情。

（2）眨眼

①微笑眨眼的表情是一种真情流露的表现，代表顾客认同销售人员的

观点。这时候，通常离成交已经很近了。

②面无表情的眨眼很可能是顾客在编织谎言。

③快速眨眼，表示顾客可能隐瞒了什么。顾客如不想谈论当前的话题，销售人员要快速换话题。

（3）紧盯对方的眼睛

从心理学上来讲，人在撒谎时并不会转移视线，而会有更多的眼神交流。因此，确认听者是否相信自己所说的话，可以观看对方的眼神。当顾客说完一句话后盯着销售人员的眼睛，他就有可能在说谎。

（4）瞳孔的变化也能说明顾客的购买趋向

瞳孔放大和缩小，完全不受人思维控制。换句话说，瞳孔的缩放最能真实地反映一个人的情绪。

美国芝加哥大学的心理学教授埃克哈特·赫斯曾经对瞳孔的反应进行过深入对比，实验证明：一个人的情绪和心理变化能够从瞳孔上直接反映出来。例如，当一个人听到或者看到令他惊讶、兴奋的事情时，他的瞳孔就会放大；当遇到苦闷的事情时，瞳孔就会不自觉地缩小。

在与顾客的交流中，我们也要观察对方的瞳孔变化。学会从这种变化中把握顾客的心理活动，并采取相应的措施。

当顾客的瞳孔放大时，说明他对销售人员提出的条件非常感兴趣，在这种情况下，是极易达成交易的。

当顾客的瞳孔缩小时，说明他的头脑正在为负面情绪所控制，很容易做出拒绝的表现。总之，当发现顾客瞳孔缩小时，一定要马上查找自己的不足，弥补错误的漏洞，转换自己的销售策略。

3. 顾客的脸色说明他的购买趋向

在销售中，我们应该学一点"面相学"。被称为日本首届推销员的齐藤竹之助曾说过："身材高大且红脸的人最有可能成为你的顾客。"为什么这样说呢？

通常情况下，身材高大、面色红润的人除了有强健的体魄之外，还非常有自信心，可以说是经常参与户外活动的人。这样的顾客走入商场时，很明显就透露出购买欲望和购买前景。

（1）红脸的顾客更容易购买

一个人的脸色与精神状况、性格特征也有关系。一般情况下，红脸的顾客最有可能购买商品。从心理学看主要有三点：

第一，红脸的人有很强的自尊心，有独特的风度和魅力；

第二，红脸的顾客对于过分推脱有一种难以言说的拒绝，他们甚至觉得推脱有失风度，因此只要有购买需求，他们很容易答应销售人员的请求；

第三，红脸的顾客个性大方，有很强的购买冲动。

这些因素相加，在他们一贯的高效作风下，就很容易做出购买决定。

（2）脸色发白的顾客通常很保守

熟悉京剧文化的人都知道，唱白脸的人是奸诈、算计的代表。实际上，在销售的经验上，白脸的顾客的确也很难"搞定"。因为面色发白的人通常在购买时很小气，这无关他的经济状况。

面对这样的顾客，销售人员需要放弃吗？也未必，但是需要技巧。在向脸色发白的顾客推销时，首先要仔细分析对方的购买能力，找出最适合他的实惠方案。在销售过程中，要不断地向对方透露"我在帮你省钱"这个概念。这样一来，对方就有可能顺利购买。

（3）脸色发黄的顾客多数稳重

脸色发黄的顾客多数性格稳重，这种人一般很有主见，自己需要什么，要买什么，内心非常清楚。因此，面对这类顾客，我们不能过于强求。当发现他的购买需求时，为他提供可靠的服务，让他感受到服务的真诚，他们自然会购买。

（4）脸色发青的顾客有很大顾虑

很多人认为，脸色发青的顾客会在性格上十分冲动，特别是脑门上爆青筋的人更是暴躁。实际上，这种看法不科学。心理学家研究过，脸色发青的人不仅不冲动，而且还十分愿意思考，但是往往会思考过度。因此，在购买行为中，这类顾客的顾虑会很多。想让这类顾客购买，就要给他们一种诚实可靠的感觉。

4. 一个人的左脸会暴露他的真实想法

很多时候，顾客表面上非常满意，但实际内心却充满怀疑。这时候，销售人员要懂得看穿对方表情下隐藏的真实想法。其实，这也不难。我们不需要什么确凿的证据，也不需要对方说话、发声和动作，只需要仔细观察对方的细微表情就可以，尤其是观察对方的左脸。

心理学家曾做过的大量实验证明，一个人的左脸通常会比右脸"诚实"。左脸的表情更接近一个人的真实想法。之所以会有这样的现象，是因为左右大脑各自功能的差异导致，面孔的左右两个区域会表现出不同的特征、心境和态度。右脸通常会流露出理性的信号，而左脸则往往是感性的，例如，情绪和感情。因此，左脸更能彰显一个人的内在想法。

（1）左脸之中最重要的是左眼

学会从顾客的左脸观察蛛丝马迹，最好的方法就是从左眼入手。因为左眼是左脸各个器官中最能显示思维的关键部位。

例如，如果对方对你的提议不停地点头称赞，但是左眼看上去却毫无表情，这时候基本上可以断定他在说谎。

（2）尽量站（坐）在顾客的左侧

因为左脸能反映顾客的真实想法，所以销售人员要尽量站在顾客的左侧，这是一个小技巧。此外，站在顾客的正面也会给对方造成一些压力，而站在对方的右边，不易观察对方的左脸。因此，我们要站在对方的左侧与其交谈。

附录2　顾客肢体语言里透露出的购买意向

根据调研发现,肢体语言在人们的生活中占据着重要地位。当人们表达内心情感的时候,语言的影响力占据大约7%~10%;声音的影响力占据大约20%~30%;肢体的影响力占据大约60%~73%。因此,读懂顾客的肢体语言密码,就能读懂顾客的暗示行为和购买信号,就能提升成交率。

1. 用手遮住嘴巴

从心理学上来看,当人们言不由衷地说谎时,有时为了掩饰自己的撒谎行为,会下意识地用手遮住嘴巴。另外,为了掩饰自己的这种行为,他们还会假装咳嗽或者是偷偷掩饰自己遮住嘴巴的手势。

在购买过程中,如果销售人员看到一个顾客做了这样的动作,说明他没有告诉你内心真实的想法。这个动作意味着顾客对你有所隐瞒。

2. 摩擦手部

十指连心,一点也没错。人的手指与大脑联系极为密切。心理学家研究发现,在讲话的过程中,人们的手部动作会随着思维活动不断变化。

一个人最常做的手部动作,也能精准地暴露出这个人的性格特征。因此，在销售过程中，聪明的销售人员应该非常仔细地观察顾客手指的动作。

（1）拇指、食指和中指来回摩擦

在手语中，拇指、食指和中指来回摩擦表示金钱。这一含义也深深地植入了人们的潜意识中。与顾客打交道时，我们常常看到顾客不自觉地做这个动作。这表示顾客对金钱有强烈的获取欲望。在销售人员报价后，如果顾客摩擦这三根手指，说明他希望销售人员把价格降低一点。

面对这样的顾客，我们建议销售人员事先想好价格策略，预留出一定的降价空间。否则，很可能会让销售陷入僵局，甚至失败。

（2）摩擦手掌

在手语中，不断地快速摩擦手掌代表有很强的的欲望，但同时又无法满足这种欲望。顾客在购买行为中，如果做出这种动作，说明他对商品有强烈的购买欲望。面对这样的顾客，销售人员需要更详细地介绍商品优势，让他满意。

3. 摸鼻子、抚摸下巴

这两个动作往往是一体的。细心的销售人员会发现，很多时候，顾客在说话时，手会偶尔在鼻子上摩擦几下，或者手抚摸下巴。

这个动作的幅度非常小，几乎令你难以察觉，但这样的动作虽然很不起眼，却无形中反映了顾客的某种怀疑心理，也许他摸完鼻子就会向你撒谎。

此外，这种现象也可能表明此时顾客正在考虑，还未下决断，用这种肢体语言进入最后决定状态。这时销售人员需要做的是给顾客一个安静、独立思考的空间，但是不要让其考虑时间过长，在适当的时机应该给他打一支定心针，使他相信自己的决定是正确的。

4. 抓挠脖子或者抚摸后脑勺

我们通常会看到顾客用右手的食指抓挠脖子侧面位于耳垂下方的区

域,或者抚摸后脑勺。由心理实验观察得知,这样的行为说明对方不确定、疑惑甚至是说谎。

针对这种情况,作为销售人员,在与其进行交谈时,需要对话题跟进、互动,让顾客感觉到你对他的尊重。

5. 擦眼镜

当顾客对某件东西感兴趣时,往往表现出擦眼镜的动作。实际上,擦眼镜的动作不仅表示同意,也会表示拒绝。看一下擦眼镜动作的不同含义。

(1) 顾客摘下眼镜,擦一擦之后马上戴上

顾客擦眼镜,这个动作很明显是为了提高视力做准备的。如果顾客有这样的动作,说明他对你的推销产生了浓厚的兴趣。如果他是在谈判最后阶段做出这一动作,则说明他很想对谈判结果进行下一步的确认。总之,这个动作就是成交的含义。

(2) 顾客把眼镜折起来放在桌子上

有些顾客会把眼镜放在桌子上。这说明对方对当前活动失去了兴趣。在销售中,顾客出现这种动作时,说明他不想和你继续谈下去了,并希望尽快结束谈话。当然,顾客有这种想法时,不一定是对你的销售拒绝,也可能因为疲惫而导致。因此,销售人员需要再找时间进行商谈。

(3) 顾客把眼镜扔在桌子上

当顾客把眼镜扔在桌子上时,尤其是在谈判时,这意味着顾客拒绝这次谈话的结果。遇到这种情况,说明整个销售已经没有必要继续下去了。

6. 抓挠耳朵

抓挠耳朵的动作和揉搓眼睛的动作所表达的含义很类似,有时候也意味着顾客处在一种焦虑的状态。

从心理学角度来讲,当顾客感觉自己已经听得不耐烦了,或者要想开

口说话却没有插嘴的机会时,就会下意识地做出抓挠耳朵的动作。例如,顾客口中说的是"你接着说",但他的潜台词可能是:"赶紧闭嘴吧。"

遇到顾客做这种肢体动作时,销售人员需要给顾客一个冷静的空间,不应该再继续唠唠叨叨。此外,如果对方一直这样,还可以直接放弃顾客。

7. 手指与面颊的动作

很多时候,顾客会用手指与面颊之间形成互动动作,这样的方式可以让我们知道他的心思。

(1) 手指太阳穴时,需要安静思考

手指太阳穴时,说明会暗示对方"机灵一点"。这个意思有提醒对方思考,也有提醒自己思考的意思,这需要根据具体情况来分析。

除此以外,手指在太阳穴附近的动作还有很多微妙的含义,如顾客用食指在太阳穴画个圈,是想向外界传达"太奇怪"的意思。

(2) 手握拳头,轻靠在面颊上

当顾客对销售人员的推销很感兴趣时,通常会做出这样的动作。这说明顾客开始认真思考销售人员的推销了。如果顾客需要进一步深入思考,还会竖起靠着脸颊的食指;当他思考完毕,会变成托着下巴的姿势。

(3) 拇指和食指呈直角,撑住额头和面颊

这是一种常见的思考动作。这种动作往往会表示做动作者陷入了非常麻烦的境地。因此,一旦顾客做出这种动作,销售人员应该善解人意地给对方留出更多的思考空间和时间。

8. 手放在口袋里

如果顾客一直将手放在口袋里,这是很明显的防御性的动作,说明顾客对你感到畏惧,对陌生的环境感到不安,从而处于焦虑的状态。

这时候,销售人员应及时营造一种轻松的氛围打消顾客的这种心态,如热情引导顾客入座、呈上茶点等。最佳的方法是施行现代营销中的"体

验式销售",让顾客亲自参与商品设计或者销售,让顾客亲自对商品产生信任,以此消除顾客对我们的防备心理。

9. 下劈手势

在肢体语言中,手掌竖直向下劈是一个特殊的符号,通常表示果敢、笃信和确认等。一般情况下,做这种动作的人多数高高在上、高傲自负,他们说出的观点往往不容遭人反驳。但是这种动作也有一些细致的划分,体现出不同的心理暗示。

(1) 手指指向身侧,掌心向下倾斜,向外侧下方劈

手掌向前下方劈砍这种动作往往显示出对方有一个极强的反对心理倾向。当顾客这样做时,说明他对销售人员的推销持否定态度。

此外,顾客的这个动作,还说明他已经对销售人员的推销非常不满了。这时候,他不仅需要制止对方的推销,还要对销售人员形成一种震慑。面对这种情况,销售人员最好马上停止推销。

(2) 手指指向前方,手掌与地面垂直,向下方劈

手掌竖直向下劈的人大多刚愎自用,不听他人劝告。这种手势就像用刀向下劈砍的姿态,其含义是"一锤定音"。因此,给销售人员的心理暗示大多为"不要再说了,就这样决定了"。

通常在拒绝销售人员时,顾客会用这种动作。也许是因为价格不合理,也许因为对商品质量不满,不过他对销售人员本人没有厌恶情绪。因此,销售人员如果和这类人搞好关系的话,销售也还有机会。

10. 肩部动作

一个人的肩部动作也能代表他心里的想法。下面看一下顾客在购买过程中的肩部动作所代表的购买信号。

(1) 耸肩膀

通常情况下,当一个人觉得无能为力或者不确定时,会耸耸肩膀,把

头倾斜，手掌向上摊开，伴随着耸肩膀的动作，表达出无奈的心理。实际上，人们在耸肩膀时会降低头部的相对位置，这个动作让我们很自然地想到了乌龟把头缩到壳里的样子。因此，从这个角度来分析，耸肩膀的行为是一种退缩和无能为力的心理表现。

（2）肩部舒展

这个动作说明顾客的决心很坚定，胸怀宽广，可以说这样的顾客是个有责任感的人。有这种动作的人是销售人员最希望遇到的。因比，在与顾客打交道时，销售人员首先要做出肩膀舒展的动作。通过这种肢体语言影响顾客的心理，让顾客明确你的诚意，如此有助于顾客做出同样的放松姿态，让整个销售过程顺利进行。

（3）肩部耷拉

遇到肩部耷拉的顾客，说明顾客心情很沉重，可能正为某事而压抑担忧。在动画片中，我们经常看到沮丧的人会肩膀耷拉，这是一个人失落时的真实写照。

（4）肩部收缩

肩部收缩的顾客说明他正在火头上。如果发现顾客有这个动作，一定要立即地转移话题或者知趣地抽离话题。

（5）肩部耸起

这个动作表示顾客正处在惊恐之中。如果发现顾客有这样的动作，一定要尝试着去消除对方的戒备心理和紧张心理。例如，在销售中，可以加入一些其他的话题，用幽默缓和的言行，让顾客处在一个轻松的氛围中，这样才能更好地交流。

11. 走路体现出的顾客购买行为

通过观察一个人的走路姿势，我们能够准确地辨析他的性格特征，也能了解他当下的心理状态。这对我们察言观色、了解顾客的购买行为有很大帮助。

不同的走路姿势表现出顾客的性格也不同。

(1) 走路声音很大的顾客不会斤斤计较

在销售过程中，我们经常会注意到很多顾客走路时非常用力，声音也特别大。无论是慢走还是疾步向前，他们的脚步声总能引起旁人的关注。身体语言学家分析，这类人大多数心胸坦荡。与这类顾客打交道，不必担心被算计，他们对金钱没有很好的管理能力，对数字也不是很敏感。换句话说，只要他们能够接受，高报价也是无所谓的。

(2) 走路左右摇摆不定的顾客往往很"精明"

有些顾客走路时摇摇晃晃、摇摆不定，这类顾客通常工于心计，甚至口是心非。因此，面对这样的顾客，建议销售人员要谨慎，否则很容易被顾客牵着鼻子走。

(3) 走路缓慢的顾客往往考虑很周到

与走路匆匆的顾客相反，走路慢腾腾的顾客，往往很现实，因为他们要求平稳，做事不会冲动，购买也是如此。这种人最大的特点就是，在任何购买或者签订合同时，都会考虑周到，非常稳定。因此与这类人打交道时，销售人员要更加细致，不能急于求成。

12. 坐姿

顾客的坐姿往往也能表达他的心理暗示。

(1) "4"字坐姿

"4"字坐姿的特点是把小腿平架在自己面前，这条平架的腿就像架在自己和对方之间的界线，也可以称为"楚河汉界"。顾客在做这种动作时，说明顾客有很坚定的防卫心理。如果他再把双手握住并放在架起来的腿上，就更能说明顾客对稳固自己的"防线"很在意。

一般情况下，顾客摆出这副姿势时，销售人员都可以认为他已经拒绝了你的推销。因此，面对这样的顾客有两种办法：第一，用巧妙的销售技巧引导对方把自己心中所想全部说出来，让他发泄抵触情绪，然后再慢慢进行销售；第二，停止销售，期待下一次的销售。

（2）跷二郎腿

跷二郎腿的顾客往往非常散漫，且傲气，说明顾客对这场销售持有观望状态。换句话说，销售人员要想拿下这个顾客，还需要更加努力。

（3）两腿交叉，小腿保持平衡

这种姿态大多数为女性顾客所独有。但是这种姿态往往需要通过专门的形态训练才能完美做出。在一般情况下，顾客做出这种动作，说明顾客很重视这次销售。因此，销售人员一定要认真对待这样的顾客，赢得好感，为顺利成交打下基础。

（4）脚踝相扣

很多顾客还会做出脚踝相扣的动作。身体语言学家研究发现，人们在做这个动作时，心情大多数处于紧张之中。而且这种紧张大多源于对失败的恐惧。因此，如果顾客的坐姿出现了这样的动作，说明他很在意这次合作，这对销售人员来说，是一个好机会。

13. 顾客表示赞同的肢体语言

（1）用目光注视你很久，同时不定时地点头

这表示顾客对你的商品或者话题十分感兴趣，此时销售人员应乘胜追击，促成成交。当然，不论顾客给出什么样的"信号"，在与顾客交谈时，我们都要谦而不卑，成为一个真正的销售顾问，用自己的专业知识为顾客指点迷津，这样才能真正赢得顾客的心。

（2）双手交叉在一起。

双手交叉在一起，表示顾客非常淡定沉稳地听你讲解。这种情况下，说明顾客是认可我们的。因此，要把握时机，积极说服顾客。

（3）由咬牙沉思变得表情放松、明朗

咬牙沉思说明顾客对你保持非常认真倾听的态度，而且随着你说的内容越来越专业，对方就会放下戒备，觉得你说的很有道理，从而表情会变得轻松明朗，这也是成交的最佳时机。

附录3　顾客的语言并非表面意思

美国心理学家库尔特·勒温曾经说过:"在日常生活中,一个人所讲的话,都是在表述自己对各种事物、情况、问题的看法,而在讲这些话时所表现的语言特征,能够很好地反映出一个人的性格。"

因此,销售人员面对多位顾客时,需要抛出一个好的话题吸引大家谈话,如价格问题、质量问题等,这样更容易观察谁才是真正的目标顾客。

1. 那些直言好斗的顾客心里在想什么

有这样一类顾客,属于力量型顾客。为什么这样说呢?因为这类顾客的性格特点:毫无耐性,自认为高高在上,而且争强好胜,自主独断,喜欢命令和控制其他人。

例如:"你们这是什么破商品,这么贵!""就这样的商品也能有人买?"……

这类顾客从说话中就能体现出他的态度是很冷峻的,给人一种难以接近、捉摸不透的感觉。这种顾客经常拒绝别人,不给对方说话的机会,与这类人沟通非常困难,相处也不容易。

面对这样的顾客,销售人员该怎么办呢?

首先要看穿他的心理。其实这类顾客有一种极强的控制心理,而且这类顾客缺乏耐心,重视时间效率,因此,在购买时,只要能够在最快时间内说服他就可以促成成交。

在与这类顾客打交道时,要注意控制自己的情绪,避免与其发生正面冲突。要让这类顾客有发言的机会,你要学会聆听,要及时地对他们正确的观点表示认同,并感谢他们提出的问题,满足其控制欲。另外,在向这类顾客推荐商品时,不要讲得太细,要着重强调商品价值就可以了。

2. 说话中透出精明的顾客怎么应对

有一种类型顾客非常精明,光是听他们说话就能听出来。

例如,"这件衣服应该是去年的款式吧?""这个衣服整体还不错,就是这个拉链的细节处理得不是很好。""这个显示器不过1000(元),组装一个主机也不到3000(元),你跟我要的价钱不觉得高得离谱吗?"

其实,这类精明型顾客的心理特点是:处事谨慎、善于分析、注重细节,这类顾客往往看重性价比,喜欢算账。

这类顾客对人对事都很挑剔,讲求事情的准确性,心理上很难轻易相信一个人,只相信自己的眼睛和决策。可以说,这类顾客属于比较"难缠"的那一种。

针对这种类型的顾客,销售人员要懂得分析他们的真实想法和需求,在和他们交谈的时候保持真诚,使其具有安全感。此外,还要为这类顾客提供足够准确的数据、资料或案例供参考,力求在事实上说服对方,消除他们的怀疑。当然了,这类人还有一种贪便宜的心理,这是他们的弱点,销售人员只要抓住这一弱点,给他们一些优惠利益,这类顾客就会成为你的忠实顾客。

3. 先打招呼的顾客未必热情

很多人觉得主动打招呼的顾客一定会充满热情,有强烈的购买欲求,其实未必。有经验的销售人员都知道,主动打招呼的顾客往往是不好对付的。因为他们不仅对商品挑剔，而且砍价能力还非常高。

生活中那些主动出击的人永远都是占据上风，至少喜欢占据上风。与被动接受相比，这类人更喜欢自己掌握主动权。这一点，在顾客身上也是适用的。

具体而言，主动打招呼的顾客通常有购买需求，但是他们更希望在购买中占据交易上风或者说占据购买优势。

除了这种"强势"之外，主动向你打招呼的顾客还有以下几个特点。

(1) 颐指气使

我们是否经常遇到这样的顾客：动作幅度很大，对销售人员有很强的颐指气使特征，如说话时常夹杂着"我希望""把这个"等词组，而对于"请""是否可以"等谦语却很少运用；在要求销售人员提供服务时，更愿意使用命令的语言，这样的顾客往往非常难缠。

与这类顾客交谈，不妨向后退一步，言辞动作方面都要表现出谦恭。事实证明，这样更容易达成销售。

(2) 语言强硬的同时，握手力度也很大

握手通常是人与人见面友好的一种动作。当我们初次与顾客交谈时，也会用到这个动作。作为一个交流方式，这个动作包含了很多信息。但如果你遇到说话表现出语言强硬的人时，握手时需要注意，因为这类人握手时也会用很大力。

握手力量大，再加上语言强硬，就表明这个顾客有操纵销售人员甚至操纵一切的心理欲求。

4. 说话中常使用单音节的顾客是怎么想的

在销售活动中，销售人员经常遇到这样的顾客，他们对你的销售不置可否，而只是使用一些简单的单音节词来回答，如"嗯""哦""对"等。表面上看，这种回应没有不妥，也没有实际意义。但如果你对此掉以轻心，很可能就会误解顾客的心理。

事实表明，说话时，经常使用单音节词的顾客往往具有怀疑心理。

心理学家研究发现，人们在使用单音节词进行反问或者下意识地回答时，其内容往往与回应的单音节词有不符的含义。

例如，当你向一个顾客推销某商品时，对方点头称赞，并在口中不断说着"是""好"等，其实他并不赞同你的观点。这只是他在深入思考为了缓冲对话，而做出的下意识敷衍行为。

因此，看穿顾客的这个心理，然后当对方一旦出现单音节回复时，我们需要斩钉截铁地对商品特点或者不明确的地方做出解释。当然，如果你暂时没有好的解释，可以尝试重复介绍的方式。重复的语气也要坚决果断，给顾客一种不容置疑的感觉。

5. 如何面对沉默寡言的顾客

沉默类型的顾客我们很好分辨，这类顾客往往对销售人员的服务无动于衷。不仅对销售人员的招呼没反应，甚至连对商品的介绍也很难回应。很多销售人员总是搞不清楚，到底这些"闷葫芦"顾客心里在想什么，应该如何对待？

（1）对天生少言寡语的顾客，要找到合适的话题，用疑问打开他的话匣子

有些顾客天生不喜欢说话。面对这类顾客，我们需要准确而有效地进行推销，要让顾客说出自己的需求。因此，我们不能一味介绍商品，特别是要拒绝专业术语推销。在一般情况下，陈述句是很难打开对方话匣子的，这时候我们需要用疑问的方式来撬开对方的话匣子。

例如，汽车销售人员可以这样提问："平常您喜欢开车旅游吗？"在互动环节中，分辨顾客的购买需求。

（2）对故意沉默的顾客，尽量要先拉近与对方的关系

那些故意不多说话的顾客往往对推销有潜在的抵触心理和情绪。要想与他们顺利交谈，需要想办法拉近关系。例如，可以聊一些题外话，或者主动套近乎等。这样拉近距离、打破隔阂之后，就会发现这类顾客并不是不爱说话。

6. 说话啰唆的顾客要多倾听

有沉默的顾客就有说话多的顾客，而且有些顾客说话时常常啰里啰唆、没完没了。这样的顾客也很让人头疼。

很多销售人员认为，对待说话多的顾客就要比他还能说。其实这是一个误区。因为我们最终的目的不是说服对方，而是要让对方购买。因此，说服只是技巧，而不是必要的行为。对待话多的顾客，我们不但不能多说，还需要少说，更多的是需要倾听。

倾听不仅是为了满足对方的心理需求，通过倾听，销售人员还能够获取大量的信息。销售人员在倾听过程中，可以了解顾客的心态、消费习惯、经济实力等，总之，这是我们充分了解顾客的机会。

（1）用简短的问话引导顾客的倾诉方向

让顾客满足倾诉欲望是销售人员倾听的一个目的。这与我们借此了解顾客更多信息并不冲突。例如，有些顾客会"跑题"，我们就要用一些简短问话引导他们的倾诉内容方向。而且这些问话最好是销售人员需要了解的方面。这样一来，就能让销售人员一举两得。

（2）在顾客倾诉时，做出积极回应

什么是好的倾听？倾听不是一言不发，而是要不时地做出回应。

在顾客诉说的过程中，我们需要及时地对顾客观点予以肯定，对他们的疑问也要及时做出回答。或者在某些关键问题上，我们需要用一些巧妙的词语重复顾客的观点，这些都能让顾客感受到我们的诚意，顾客会有兴致；顾客有了兴致，销售也就更加顺利。

7. 顾客的口头禅说明了什么

口头禅作为一种语言形式，经常会反应一个人的心理想法。因为口头禅是一种语言习惯，所以使用时，大多数人"不过脑子"，这就相当准确地反映了一个人的心态和心理活动。因此，要想在顾客的语言中寻找蛛丝马迹，就要从口头禅下手。

下面我们来看一下一些常用的标志性口头禅暗示的信号。

（1）"听说"

很多顾客会将"听说"当作口头禅。与此类似的还有"据说""听人家说"等。这种顾客实际上是想借助权威或者外界的力量让销售人员让步。例如，"听说××名牌的商品只有你们价格的三分之一……"他的主要意思是想让你让步。

（2）"说真的"

"说真的，你们这个商品的款式真的很一般。"

"老实说，这个颜色很显老。"

…………

实际上，把"说真的"当作口头禅的顾客心理上其实很急躁。他希望在最短时间内打开谈判的突破口，急于把自己的想法告诉你。此外，还有顾客会用这种口头禅表达自己的不满，然后"逼迫"销售人员做出让步。

（3）"但是"

"但是""不过""可是"……这种口头禅在语意上显得很委婉，但是在顾客的购买行为中，顾客说出这样的话，表明顾客对你的提议很不满，你的条件距离他的底线还很远，他并不会着急做出决定。这时候，销售人员要沉住气，沉稳应对。

8. 说话中带有强调或者提高音量的顾客心理分析

一个人说话的语调、语气等变化，往往受到潜意识的操纵。因此，顾客说话中带出的一些语言特色都能说明顾客的心理变化。

心理学家曾研究过，当一个人潜意识里对对方感到反感，或者进行反驳时，最突出的表现就是拉高嗓门，提高音量。从某种角度来说，着重强调也会伴有音量提高的表现。

除了反感，还些人说话时提高音量是因为感到恐惧，用这种方式给自己"壮胆"。无论是哪种，这都说明说话时的音调可以反映一个人的内心。

（1）语速的变化

说话时的语速往往能够反映一个人的性格。性子慢的人说话也会很慢，反之亦然。在通常情况下，一个人的情绪如果没有太大波动，他的语速不会有太大变化。既然如此，顾客语速的明显变化就值得每个销售人员关注。

语速的变化包括快和慢。语速变快的顾客说明内心紧张，而且急于表达自己的想法。在正式谈判中，这类人甚至有可能在说谎。说话语速满的人则大多数是怀有敌意、不满、戒备。

（2）韵律变化

说话的韵律也能体现一个人的性格和心理变化。例如，顾客说话韵律大多为肯定式的人，内心往往充满自信。这样的顾客很有主见，而且坚信自己的观点。面对这类顾客，只要坦诚相待，销售结果往往不会太差。

那些说话毫无韵律，甚至吞吞吐吐的人，往往缺乏自信，性格也比较软弱。对待这样的顾客，我们需要有充足的耐心，有技巧地打消对方的顾虑。

而那些说话韵味十足的人，往往性格细腻，心思缜密。这样的顾客有主见，而且不易被说服。

附录4　通过顾客着装看穿他的心理活动

在销售中，寻找具有购买力的潜在顾客是一个非常重要的环节。销售人员如何精准地判断一个顾客是否是自己的目标顾客呢？有一个最直接也最简便的方式，那就是观察顾客的着装。

一个人的衣着在很大程度上反映着他的审美能力和经济水平，特别是购买力。此外，一个人的着装也能反映出他的心理活动。换句话说，服装是一个人心理活动的外在表现形式。

例如，一个顾客穿的服装质量很差，则说明两点：第一，这个顾客的经济实力不行；第二，这个顾客比较节俭。再比如，一个人穿着比较保守，则说明这个顾客性格保守，不愿意尝试新鲜事物，在购买方面也会有所影响，往往不会大手大脚。

对此，我们需要从以下几点分析顾客的着装和其心理活动。

1. 从面料和做工上判断顾客的购买能力

我们首先要搞清楚顾客的购买能力。有的销售人员会从服装的款式判断对方是不是有购买能力，实际上这是误区。新鲜的款式并不能起到决定价格的作用。

最重要的是面料和做工。打个比方，同样款式的西装，高档面料和低档面料之间的价格差异很大。即使是一些看上去很普通的款式服装，由于面料高档也会价格高昂。因此，在观察顾客时，销售人员最好把目光放在服装的面料和做工、保养上，这些细节才能真正反映对方的经济能力。

2. 从服装的款式上看顾客的购买风格

巴黎一家著名消费机构调查显示，人们的服装款式显示了其消费心理。当一个顾客的消费心理趋向保守，舍不得花钱时，那么他在服装款式上的选择也会趋向于保守。研究者还发现了一个规律：每当经济危机来临时，社会整体服装款式都会趋向保守。

因此，你面前的顾客在服装款式上就已经透露了他的心理活动和购买风格。如果顾客打扮新潮，即使他的经济状况不是很好，但是只要能够购买得起，他就会果断地购买款式新颖的新品。因为在这类顾客心理性格上，比较认同慷慨的购买行为。相反，穿着保守的顾客，即使有经济能力，恐怕也不会花大价钱购买新潮商品。

3. 从着装判断顾客的职业

顾客的职业关系到其购买能力、购买需求等问题。

通常情况下，白领阶层的顾客有自己独特的穿衣风格，如款式新颖，潮流前卫；蓝领阶层的顾客也会有自己的特点，如保守朴素，注重质量；国家公务人员的特点是低调深沉，讲究面料做工等。

此外，我们还可以根据这个原理通过配饰来看出对方的职业和地位，如手表、项链、帽子、领带等。

4. 从顾客系领带观看心理性格

一个顾客，特别是男顾客的领带最容易反映他的性格。

（1）领带结不大不小的顾客通常都中规中矩

领带结打得不大不小的顾客，通常都中规中矩，他们为人处世非常沉稳,性格温文儒雅,会与销售人员以及其他人保持一定的友好距离。这种人在工作上也是一丝不苟。当你面对这类顾客时,一定会很"恼火",因为这类人往往不会把心里的想法表露在外,需要你仔细观察,并且时刻做好打一场"硬仗"的准备。

(2) 领带结宽松的顾客很好说话

有些顾客领带结打得非常宽松,这样的人显得很有礼貌。他们内心有一种绅士气质。他们待人比较温和,给人一种舒适感。这类顾客特别好说话,不仅可以与这类顾客成为商客关系,还可以成为朋友。

这种人很认真也很真诚,但是一旦你欺骗了他,那么以后要想"和好"很难。

(3) 不会系领带的顾客往往不拘小节

有些顾客一看就不会系领带,而是选择"一拉得"这种便捷领带。这样的顾客大多数比较随和,不拘小节。与这类顾客打交道会很放心。只要销售人员真诚对待他们,他们也会加倍真诚对待销售人员。

5. 穿衣风格和性格的关系

有些人喜欢穿流行前卫的服装,有些人喜欢保守老派的服装。这些穿衣风格都体现出了一个人的性格。

(1) 喜欢穿白衬衫的顾客往往比较正派

喜欢穿白衬衫的顾客通常性情比较正直。他们做事很少偷奸耍滑,直来直去是他们的办事风格。

与这类顾客打交道时,我们最好不要使用"小伎俩"。可以打开天窗说亮话,有一说一,有二说二。当然,他们也有一些缺点,那就是缺乏判断力和主动性。因此,销售人员要给这类顾客留出一些思考时间和余地,不要过分催促。

(2) 喜欢穿休闲服装的顾客活力四射

喜欢穿休闲服装的顾客往往性格比较随和,也比较随便,而且不喜欢受拘束,但是这类顾客却喜欢在销售人员面前充当"主导者"的角色。也许是平常他们没有太多机会展示这一愿望,所以在购买商品过程中,就容易表露这一点。销售人员要做好短暂的退让,表现出应有的尊敬。

(3) 喜欢穿条纹西装的顾客性格敏感

喜欢穿条纹西装的顾客往往性格比较敏感,而且缺乏自信。他们需要用整套条纹西装掩饰自己内心的不安。因此,对这种顾客,我们需要仔细揣摩,不能直接指出顾客的不足,更不能碰触对方的弱点。如果有机会,可以与这类顾客好好相处,多给予鼓励,这样才能让销售活动更加顺畅。

(4) 喜欢穿工装的顾客比较固执

通常情况下,除了工作时间以外,很少有人会愿意穿工装,但是有些人却偏偏在生活中也喜欢穿工装。

这种人通常性格上比较较真,而且在技术方面有严格要求。此外,这类人还比较传统保守,思维比较守旧,性格倔强固执,认定一样事物或者一个观点,就很难被说服。因此,在与这类顾客打交道时,要具备一些专业知识,一旦谈及专业内容,销售人员就要比他还专业,才能"压住"他。

附　录
专业解析顾客的购买行为

附录5　了解了顾客的性格就等于了解了顾客的购买意愿

顾客的性格多样，购买方式和情况也自然不同。每个销售人员都需要善于总结，分清楚顾客性格类型，然后根据顾客的特点采取不同的对待方式。

1. 理智型顾客

这种顾客的性格比较理性成熟，做事稳定，办事也比较理智、细心，很有原则性，责任心也比较强。这种性格的顾客往往不会因为与销售人员的关系好坏而轻易改变，更不会因为个人的感情做出改变。他们在做出选择前都会在同类商品中做详细的比较，尽量做出最理智的选择。

面对这样的顾客，销售人员要动作大方、行为坦诚，最关键的是将商品直观地展现给对方，让对方可以看到你的真诚态度。

2. 斤斤计较的顾客

有一种顾客性格非常狭隘，对任何事都要斤斤计较。这样的顾客对商品的价格往往很在意，对商品质量和相应的服务要求也比较高。他们甚至会因为一些小事情就与你争辩到底。

面对这样的顾客，销售人员在说话时要有所保留，此外，在一些表情和动作上也要刻意给对方制造一些悬念，给对方期待感。因为这样的顾客爱贪小便宜，所以在与之交谈中可以给他们一些小惊喜和优惠，这样会有意想不到的效果。

3. 责任心强的顾客

有的顾客性格稳健，做事目的性很强。这样的顾客在购买行为中往往内心比较复杂，但是目的非常明确，他们更重视人际关系。

销售人员要想办法获取他的信任，建立起信任，成交的概率会更大。销售人员要在态度上保持中肯，动作也要适度，把握好分寸，既不能让对方生疏，也不能大造声势，尽量给对方带去可信赖的感觉。

4. 吝啬小气的顾客

有的顾客非常小气，要想从他们的口袋中掏钱，需要花费很大的精力。同时，这种性格的顾客非常善变，哪边有利益就会倒向哪边。

面对这类顾客，我们完全不需要浪费太多时间和精力，因为他们随时会做出改变。

5. 刁蛮性格的顾客

有的顾客性格十分刁蛮，这种人通常不好交往，有时候觉得这类人非常无理，甚至胡搅蛮缠，但有时候又觉得没有问题。这样的顾客内心不稳定，他们常常中途变卦，甚至还会找麻烦。

面对此类性格的顾客，我们在接待时一定要主动，无论是价格还是质量，都要让对方确认。

6. 自以为是性格的顾客

这类顾客，总是认为自己比销售人员还要懂商品，也总是在自己所知道的范围内，毫无保留地诉说。当销售人员进行商品介绍时，这种顾客总喜欢打断销售人员的话。甚至还会说："这些我早知道了。"这种性格的顾客不但喜欢夸大自己，而且表现欲极强。

面对这种顾客，销售人员可以布置一个小陷阱，在介绍商品后，对顾客说："我不打扰你了，你可以自行考虑，如果购买请与我联络。"

此外，销售人员在这种顾客面前介绍商品时，千万别说得太详细，要稍作保留，让对方产生一定的困惑，这样往往能够取得较理想的效果。

7. 爱抱怨的顾客

这类顾客爱数落、抱怨别人的不是。一看到销售人员，就会不分青红皂白地无理攻击，将以往积怨发泄到陌生的销售人员身上，其中很多都是不实之词。从表面看，顾客好像是在无理取闹，但实际上是有原因的，至少从顾客的角度看，这种发泄是合理的。销售人员要查明这种怨恨的缘由，然后缓解这种怨恨，让顾客得到充分的理解和同情。平息怨气之后的顾客，也许会对销售人员产生认同感。

8. 好奇心强的顾客

有一种顾客性格非常有意思，他们对一切陌生的东西都有很强的好奇心。实际上，这类顾客对购买根本不存在抗拒心理，不过，他想了解商品的特性及其他一切有关的信息。

只要时间允许，他很愿意听销售人员全面介绍商品。这种顾客的态度往往很认真，也很友好，同时会在商品说明进行中积极地提出问题。

只要商品符合他的意愿，那么这种顾客就一定会是个好买主。他是属于冲动购买的典型，只要你能引发他的购买动机，便很容易成交。

销售人员面对这种顾客时，必须主动而热忱地为他解说商品的有关方面，突出优势，使他乐于接受。而同时，你还可以施加一些小技巧，例如，告知顾客当前商品正在参与促销打折活动，这样可以加速顾客购买。

9. 性格多疑的顾客

这类顾客对销售人员所说的话，都持怀疑态度，甚至对商品本身也会产生怀疑心理。这种顾客心中多少存有一些个人的烦恼，他们经常将一股怨气出在与销售有关的一切事物或者人身上。

因此，销售人员面对这类顾客时，应该以亲切的态度和他（她）交谈，千万不能与之争辩，同时也要尽量避免对顾客施压，否则，只能使情况更糟。在说明商品时，态度要沉着，言辞要恳切，而且必须观察顾客的忧虑，以一种友好的态度对其询问。

10. 思想保守型顾客

思想保守的顾客非常固执，不易受外界的干扰或他人的劝导而改变购买行为或态度。他们往往习惯与熟悉的销售人员往来，长期惠顾于一种品牌和商品。这类人对于现状，常持满意态度，即便是有不满，也通常能容忍，不轻易显露人前。销售人员要寻求其对现状不满的地方和原因，然后仔细分析自己的销售建议中的实惠和价值，请顾客尝试接受新的交易对象和产品。这样，才能够打开新的局面。

11. 内向含蓄型

这类顾客一般比较拘谨，很怕与销售人员有所接触，一旦接触，则喜欢东张西望，不专注于同一方向。这类顾客在与销售人员交谈时，容易显得困惑不已，坐立不安，心中总担心会闹出尴尬或者出糗的事情。另外，这种顾客深知自己极易被说服，因此总是很怕在销售人员面前出现。

对于这类顾客，销售人员必须谨慎而稳重，细心地观察他，坦率地称赞他的优点，与他们建立值得信赖的友谊。

12. 固执己见型顾客

这类顾客通常特立独行，凡事一经决定，则不再更改。即使明白错了，也会一错到底。有时甚至还会出言不逊。从心理学上讲，顽固之人心底往往脆弱和寂寞，较一般人更渴望理解和安慰。如果销售人员持之以恒，真诚相待，适时地进行恭维，时间长了，也许能博得好感，转化其态度，甚至被认同为知音。

13. 犹豫不决性格的顾客

这类顾客外表平和，态度从容，比较容易接近。但长期交往，便可发现他们言谈举止十分迟钝，有不善于决定的个性与倾向。当购买活动需要经济付出时，则更难以下决心了。

这类顾客可能性格就是优柔寡断，往往注意力不集中，不善于思考问题。因此，作为销售人员首先就要有自信，并把这种自信传达给对方，同时鼓励顾客多思考问题，并尽可能地使谈话围绕销售核心与重点，而不要设定太多、太复杂的问题。

附录6　一眼看穿顾客"闲逛"和"购买"的心理

先来看下面这个案例：

在一个女士服装店，几位顾客先后推门而入，销售人员纷纷迎上去接待。

其中一位销售人员爱丽丝早就对这几位顾客打量了一番：A组是两位手持咖啡杯的女士，一边说笑一边推开了店铺的门；B顾客是一位背着双肩包的学生打扮的女孩；C组是一男一女，两人好像在吵闹；D组是一位年轻女士带着一位中年妇女。

于是，爱丽丝朝着D组顾客而去。并问："您是给长辈挑选衣服吗？"

年轻女性回答："是的，我想给我妈妈买一件羽绒服。"

爱丽丝："好的，您看看这几款，这都是今年最流行的中老年羽绒服……"

就在爱丽丝与这对母女相谈甚欢时，另外几组顾客已经纷纷走出了商场，其他销售人员无功而返。

在这个案例中，为什么爱丽丝可以抓住有效顾客呢？这是因为爱丽丝一眼就能看出顾客是"闲逛"还是"购买"的心理。

在顾客的购买行为中，总是会有一些"闲逛"的心理。很多人都觉得自己的心事只有自己知道，实际上，通过观察顾客的神态举止，销售人员可以很容易地发现他们是不是真的有购买欲望。

再回到上述案例，我们可以分析一下四组顾客的心理：

A组：两位手持咖啡杯、说说笑笑的女士。这两位女士很可能是在该商场内逛了很久，而且从两位说说笑笑的姿态上可以看出，两位女士边聊天边逛街，多数是打发时间。如果真的想购买，会直接奔向购买区，或者试穿区。这样的顾客行为通常就是打发时间的"闲逛"。

B组：顾客是一位背双肩包的女学生。且不说这种女孩有没有真心购买的欲求，仅从身份上来看基本上可以肯定是学生，那么其经济水平就很难捉摸。通常情况下，学生很少会完全以自主的形式购买衣服。而且学生就算购买衣服，也基本是由同学陪同参考，一个人独自逛商场，很可能是等人或者打发时间。

C组：一男一女，两人好像在吵闹。这样的顾客如果没有"吵闹"这个前提，则很可能会购买。正是因为"吵闹"，也许两人就顾不得购买了。

D组：母女。年轻女性带着母亲逛商场，很明显是想要给母亲买衣服，可以方便在店内试穿，买到合适的服装。而且年轻女性带着母亲直奔中年区域，购买意图更是明显。这样的顾客很显然是真心的"购买者"。

顾客进入商场后，真正购买的人和随便逛逛的人有明显不同的行为表现，根据这种表现我们可以分析出其心理变化，就可以判断对方是不是真正购买者。

1. 真正购买的人会目光聚焦

一个人有目的的寻找和无目的的张望是很容易分辨出来的。有目的的人大多数要有目光停顿的过程。例如，他们在看到一些详细的商品时，往往会目光停顿下来。同时更加仔细观察自己的目标。如果他们有所发现，就会做出向目光注意的方向走去的动作。

相反，那些没有购买需求的人，目光多数闪烁不定。他们的视线往往会随意转动，而不会聚焦于任何一件商品上。这样的人多数是随便逛逛，面对这样的顾客，销售人员报以礼貌性的微笑即可。

2. 从销售人员与顾客最初的接触中判断他们是否有购买需求

当销售人员与顾客打招呼并向其介绍某种商品时，如果顾客可以正视你的眼睛，认真听你介绍商品，说明该顾客内心会赞同你的说法，会对商品产生兴趣。如果对方在听你介绍时，不正视你，甚至还会不自觉地向别处看，说明他也许有购买需求，但这种需求并不强烈，要想让顾客有充分的购买欲望，还需要大力推销。

如果顾客在听销售人员介绍商品时，眼睛左右扫视，对销售人员说的话爱搭不理，那么这个顾客基本上没有购买欲求，销售人员也不需要多费口舌。

附 录
专业解析顾客的购买行为

 附录7　顾客的态度说明了其购买需求

在与顾客打交道时，我们还需要明确一点，那就是顾客的态度。实际上，顾客的态度说明了他们的某种购买需求。销售人员要想找到最好的销售心态，顺利地完成销售，就要了解顾客的想法。

大致来说，顾客的态度一般有以下五种。

1. 漠不关心的态度

这种态度的顾客我们其实很常见，有些顾客不但对销售人员漠不关心，也对其销售行为漠不关心，视销售人员为洪水猛兽，将之拒之门外，不理不睬。

这样的顾客往往在表现上显得步履匆匆、眼神匆匆。

（1）步履匆匆

例如，一个顾客进店后，先环顾一下四周的货柜，然后从门口开始，从头走到尾，不需要几分钟他就又回到了门口。其间，销售人员主动搭腔他也不理会，就这样匆匆而过，然后就离开了。

这样的顾客很显然是对店内的商品毫无兴趣。换句话说，他匆匆略看了一遍商品，没有发现一件可以让他感兴趣的东西。所以，他会毫不犹豫地离开。

面对这样的顾客，销售人员要从一开始就注意到他的"无心"。如果店内出现这样的顾客，销售人员不必把心思和时间放在他身上，可以继续招待其他顾客。

（2）眼神始终不能聚焦在一点上

从心理学的角度来看，一个人的眼神如果匆匆闪过，尤其是面对琳琅满目的商品的时候。这表明他在寻找什么东西。这个东西也许早已在他心里有了轮廓和模样，如果眼前的商品不是他要找的，他会毫不犹豫地离开。

另外，眼神匆匆，还可能是顾客漫无目的地闲逛造成的。这种没有目标的逛街，本身就是一种蒙蔽。可能顾客心里有其他的事情，那么在逛街时，就会走神，心不在焉，自然眼神无法聚焦在商品上。

因此，当你遇到眼神始终不能聚集在一个点上的顾客时，说明他毫无购买意图和需求。

（3）不听销售人员说话

通常情况下，如果顾客在你面前面无表情或者不听你说话，那么这个顾客很可能就是对你的商品不感兴趣。如果他感兴趣，他不可能不听你说话。

因此，当销售人员发现顾客不听自己说话时，也大可以不再理会他。

2. 防卫态度

有的顾客对其购买行为高度关心，但是对销售人员却极不关心、极不信任，甚至采取敌对态度。在他们心目中，对销售人员的印象是很固定的，那就是不诚实、耍嘴皮子的"骗子"。一旦有了这样的心理印象，这种顾客面对销售人员时，就会产生防备心理。

这样的顾客有一个特点，那就是先发制人，不给销售人员留有余地。例如，有一个顾客，进店看到一款商品，然后想购买，但由于防卫心理严重，于是他直接对销售人员说："这件衣服，我最多出 200 元，卖还是不卖？"

面对这样的顾客,销售人员需要怎么办呢?

首先,要好好与顾客讲解商品,尤其是优势特点,突出优势,吸引顾客注意。

其次,先不要急于回答肯定或者否定,而是要先思考一下,这件商品以顾客提出的价格来讲有没有利润空间,如果有很大的利润空间,那么就可以果断地告诉顾客成交。如此一来,顾客就会很迅速地购买。

最后,仔细观察顾客,并且委婉地与顾客沟通,搞清楚顾客最担心的是什么,然后针对这一点进行销售。

3. 对销售极为关心的态度

有一种顾客是属于"软心肠"型,这种人在购买过程中,往往对销售极为关心,甚至对销售人员表现出关心的态度。当一个销售人员对他表示好感、友善时,他总会爱屋及乌地认为他所销售的产品一定不错。这种人经常会买一些自己很可能不需要或超过需要量的东西。

4. 对购买产生着急态度

有些顾客在购买过程中非常迅速,属于"寻求答案"型顾客。这种顾客在决定购买前,早就了解自己需要什么,他需要的是能帮助他解决问题的销售人员。对于所销售的商品,他会将其优点、缺点做一个很客观的分析,如果遇到问题,也会主动地要求销售人员协助解决,且不会做无理的要求。

顾客越是趋向于这种态度,对销售人员来说,越是接近销售成交。因此,每个销售人员都应该把自己训练成为一个对销售高度关心、对顾客也高度关心的"问题解决者"。

5. 拒绝态度

顾客在购买中,如果表现出拒绝的态度,则说明顾客对购买没有需求，或者中止需求。但是顾客拒绝的方式有很多种，我们需要了解每种拒绝态度。

顾客的拒绝有强有弱，一般可分为三类。

（1）一般拒绝

什么是一般拒绝？主要是顾客在做决定时，未经深思熟虑，带有很大的盲目性。他们的态度是在已具有一定的购买欲望的基础上产生的。其原因往往是由于注意力不能集中指向商品，从而缺乏对商品足够的了解，造成购买信心不足。

针对一般性拒绝的顾客，销售人员应以热情而负责的态度，着重向顾客介绍更多的商品知识，特别是对商品的某些疑虑，重点进行解释说明，以增加顾客对商品的认识能力，改变其对商品的印象。

（2）隐蔽性拒绝

所谓隐蔽性拒绝，主要是指顾客出自某种心理需要，不想说出拒绝购买的真正理由，而用别的理由进行掩饰。

产生这种拒绝态度大多数是顾客受到自尊心理的需要所致，例如，有的顾客觉得商品价格昂贵，想买但经济上承受不了，却不愿意说明，而用一些其他的借口掩饰，如"这个款式不适合我""这个衣服我已经有一件了"，等等。当然，还有些顾客是因为对商品缺乏了解，又不愿意让人看出自己对商品的认知水平低下等。

针对抱有隐蔽性拒绝态度的顾客来说，销售人员应该尊重他的心理需要，不要揭露其隐蔽拒绝的原因，同时要设法增强其购买信心。销售人员可以对抱有这种态度的顾客进行正确的引导，则有希望改变其拒绝态度。对于隐蔽性拒绝，不应去争执顾客拒绝购买的理由，但也不要盲目附和，而应耐心细致地解释，同时要自信地提示商品性能和功能，增强顾客的购买信心。

（3）彻底拒绝

彻底拒绝是指顾客经过理性分析和思考后做出的拒绝购买决定，这种态度十分果断。产生这种情况的原因主要有三点：

第一，顾客根本没有需求欲望；

第二，销售人员的服务或商品的某些方面与顾客的心理要求相差太大；

第三，顾客对商品的品质、性能极不信任等。

针对抱有彻底拒绝态度的顾客，销售人员要以极大的耐心，着重弱化其拒绝的强度，转移注意目标，引导新的购买需求。同时，我们也应该知道，彻底拒绝往往是顾客经过深思熟虑后做出的最终决定，要想真正转化这种态度是十分困难的。因此，对这类顾客，如果认为还有可能改变态度，则应尽力而为，如果顾客坚决拒绝，毫无购买需求，那么销售人员也无须做出太大努力。

附录8　顾客的付款方式说明了顾客的购买个性

顾客在决定购买某商品时，受环境影响，其内心常常难以完全按照原来的想法表现。因此，销售人员在观察和判断顾客心理时，还应该特别注意其付款时的具体细节。从顾客的付款方式来分析，可以将顾客分为四种类型。

1. 习惯型购买

有些顾客在购买商品时，往往会因为它的价格而犹豫不决，这时候如果采用"刷卡"往往比支付现金更加有"心安理得"的感觉。这也是为什么网上购物的花销要比实体花销更大的原因。

这种顾客在购买上倾向于追求潮流和时尚，他们花钱购买时，更注重心理上的享受，只要他们感兴趣的商品，通常都不会计较价格。特别是在网络购买方面，只要喜欢的东西，都会毫不犹豫地加入购物车，然后一键支付，即使是刷信用卡或者支付宝，也会非常习惯和果断。遇到这样的顾客，销售人员一定要制造出一些新鲜的花样，以此吸引他们，激发他们的消费热情。

2. 果断型购买

这种顾客购买时，也比较喜欢用信用卡刷卡消费。这类人甚至奉行一种"用明天的钱买今天的东西"的理念,可以说是典型的购物狂。

这类顾客性格比较外向,做事比较张扬,他们性格果断,独立好强,很少依赖别人。在选购商品中也会有自己独特的见解和主观意愿。

遇到这类顾客,销售人员是最省心的,因为不需要浪费太多的精力,他们看中的东西,不需要销售人员主动推销,他们也会购买。但是对于他们不感兴趣的,销售人员无论如何推销,他们也不会购买。

3. 慎重型购买

这种顾客在购买时,往往喜欢支付现金。他们性格上大都沉稳、持重,做事也比较冷静、客观。顾客的情绪也不容易外露,具有较强的自控能力。这类顾客在购买商品时,通常会根据自己的实际需要或者按照以往的购买经验购买,甚至还会仔细对比、权衡,这类顾客一般不会因为外界的影响而改变自己的购买行为。

面对这样的顾客,销售人员需要在介绍商品时更强调商品的实用性,因为这是这类顾客最看重的一点。

4. 被动型购买

有一种顾客在购买时,很被动,这通过他们慢腾腾地翻钱包的动作就可以看出。这类顾客一般会选择用现金支付。他们的性格比较内向,做事比较消极,也比较被动。在购买过程中,这种顾客往往对商品了解得很少,购买经验也不足,平常甚至很少出入商场。由于性格原因,这种人在其他的购买活动中,如网购,也往往十分被动。他们通常在购买时,会借助他人的帮助,也许是朋友,也许是销售人员。

因此,遇到这种没有主见且被动的顾客时,销售人员需要多做一些思想工作,特别是对重点的地方要大力推荐。此外,这类顾客还比较奉行权威心理,只要是别人推荐的,或者是广告中宣传的,都会有购买意向。

附录9 询问顾客电话号码的十大时机

我们走在路上，随处可见很多销售人员手里拿着笔记本和笔，追着顾客说："女士，留个电话号码吧。""先生，留下您的联系方式吧。"……

再回头看看那些顾客，他们总是一边走一边拒绝："不必了，我再考虑考虑……"面对这样的回答，销售人员最终只能垂头丧气地回到原地。

做销售就是这样，如果不进行跟踪，很可能顾客都会流失。但是顾客很难把电话号码或者联系方式顺利留下。实际上这也不是不可能，因为很多销售人员没有找到询问顾客电话号码的时机，只要找到最佳时机，就能很快取得顾客的电话号码。

1. 在刚坐下洽谈时就索要

大多数人都有一种惰性，一旦坐下，如果没有急事，就不太愿意很快地再站起来。这是人的一种常态心理。

所以，进行商品介绍后，刚一坐下，销售人员就应该拿出电话号码记录本让顾客填写。在这里，有一个小技巧，那就是给顾客看的电话号码记录本上一定要有一长串顾客留下的电话号码。让顾客看到别人留下的电话号码，会给顾客带去两个心理暗示：

一是其他顾客都留下电话号码了，自己也就不容易推脱。这也是从众心理在起作用。

二是一坐下就填写电话号码，给顾客一种被动的感觉，如果不填写电话号码，就很可能没有机会往下洽谈，为了获得与销售人员洽谈的机会，也就只能留下自己的电话号码了。

2. 在顾客做出承诺时索要

当顾客为了探知价格优惠信息而向销售人员做出购买承诺时，此时的销售人员应该故作怀疑，比如，可以这样对顾客说："您真的今天可以定下来吗？"顾客为了证明自己的决定，往往会肯定地回答。

此时，销售人员可以说："既然那么肯定，那就先留个电话号码……"这是一种巧妙的激将法，通常都很有效。

3. 在顾客询问优惠活动时索要

当顾客询问销售人员商品有没有价格优惠政策时，销售人员为了获得对方的联系方式，可以假装说现在没有优惠或者优惠刚刚过去，如果有新一轮优惠可以马上通知顾客。这种方式，通常是最有效的。

4. 在体验商品时索要

顾客在购买行为中，为了更好地下单，通常会进行商品体验。这时销售人员需要抓住良好时机，在顾客体验之前，就要拿出体验商品登记表，让顾客填写个人联系方式。如果顾客拒绝填写，那就告知顾客无法办理体验商品登记，还可以宣称这是公司的管理规定等。顾客如果很想获得商品体验，通常会填写联系方式。

5. 在套近乎时索要

销售人员可以利用聊天的方式与顾客拉家常。如果发现与对方有共同的爱好和话题，那么就更容易获得好感，这样对索要联系方式更加有帮助。例如，销售人员如果发现对方也喜欢登山，那么就可以以邀请对方加入登山群为理由，索要联系方式，这样的方式也很有效。

6. 再次给名片时索要

在顾客刚进店时，销售人员一般已经把自己的名片递给了顾客，但是在展厅内走动的过程中，顾客很有可能已经把销售人员的名片弄丢。当然我们不管对方是不是弄丢，都要及时地再拿出一张自己的名片递给顾客。如果对方说已经有了名片，销售人员可以回答说："可是我还没有您的电话号码，方便留一下吗？"这样一来，顾客往往很难拒绝。

7. 赠送小礼品环节时索要

很多线下实体店通常会搞一些进店有礼的活动，这也是一个索要顾客电话号码的很好机会。在顾客领取礼品前，可以要求顾客先填写一份信息登记表，这样就可以顺利地得到顾客的联系方式了。